亲子家庭教育

智慧实践

看**爸爸**的**数学**36计

刘勇 刘逸芳 / 著

中南大学出版社
www.csupress.com.cn
·长沙·

教了十年书，带过那么多孩子，我觉得也该多带带自己的孩子了。

从我的孩子小学一年级到现在小学四年级，我都在家辅导她。我曾当过教师，所以很清楚如何尊重老师。老师的教育我不插手、不插嘴，在这之外我和孩子一起寻找思考与成长的乐趣。

我们从数学入手，并把我们的探究过程记录下来，修订成书。本书共36篇，前18篇的数学知识主要参考人教版《小学数学三年级上册》(第16~18篇参考下册)；后18篇所选的趣味数学题的难度在小学三年级以下。

前18篇智趣，是带着孩子对她所学的数学知识进行拓深和拓宽研究。这一部分建议家长在教小孩之前先把文章琢磨一下，再思考如何引导孩子。关于孩子的基础，如果孩子连常规的习题都还有困难，建议您先花两三个月的时间，每天抽一二十分钟听孩子讲讲题。必须记住，要求孩子每一句话都有根有据，每一步都不能跳跃，要孩子把您扮演的这个"最笨的孩子"讲明白，这样，孩子的思维能力就会得到很大的提升。我想特别跟家长说的是，您引导孩子把问题(分段)研究清楚之后，一定要让孩子自己写"稿子"。如果一遍写得不够清楚，不妨写第二遍，甚至第三遍。这样，一是关乎孩子的成就感，二是加深孩子对知识的理解，三是提高孩子的思维能力。当然，您同时得好好观察孩子的积极性。我们必须要培养和呵护孩子的兴趣，所以松紧要合适，以防把孩子的兴趣累没了。

后18篇妙趣，是带着孩子从数学题目里寻找成长的道理。这部分的文字初看起来有点啰唆，口语比较多，且不停地发问。但您想着这是在跟孩子聊天，那您也就会不急不躁、慢条斯理的了。确实，跟孩子聊天不能追求快速、简洁、高容量，也不必追求生动有趣，而要重在沟通，让孩子有存在感，让孩子感到被平等地对待。在这个意义上，问呀问的语言大约就能显现出力量，它能让成长的道理润物细无声地浸透孩子的心田，能够启发孩子自己从生活中的点点滴滴里琢磨成长之路。当然，不同的家长、不同的孩子有不同的情况，家长可在抓住核心思想的前提下，自行组织更有效、更适合自身及孩子的语言。我想特别跟家长说的是，您跟孩子讲道理举例子的时候要多鼓励孩子。这样做，一是关乎孩子的积极性；二是加深孩子对道理的理解；三是加深您对孩子的了解，强化亲子关系；四是提升孩子的自我成长意识，这是最重要的。所以一定要提高孩子的参与度，让思考成长的道理成为孩子的习惯。当然，您可以把您和孩子的聊天录音转成文字装订成册，让孩子时常翻翻，效果会更好。

最后，我还想跟各位家长说，在我们教育孩子的过程中，孩子会对我们有一些怨言，她也有不按我们的指引走的情况，这很自然，我们不必苛求理性，不要苛责孩子，也不要过于要求教育效果的立竿见影。孩子是一点一点成长的，教育总归是要花费大量时间和精力的，但不管怎么说，早一天进行更有效的教育，早一天受益。

祝您愉快！祝您的孩子进步！

刘勇

2022 年 9 月 18 日

目录
Contents

 上篇　智趣

下篇　妙趣

上篇

智趣

1

时间的加减法

爸爸指着教材①第 8 页的第 11 题说："你讲讲第 1 问吧。"

11. (1) 上午第一节课用多长时间?

   (2) 上午 10:02 同学们正在做什么?

   (3) 如果你从家到学校要走 10 分钟,你最晚什么时候从家里出发? 说说你的理由。

   (4) 你能发现上课时间的规律吗? 请你填出第四节课的上课时间。

蓝天小学作息时间表(上午)	
7:40	到校
7:50—8:10	早操
8:20—9:00	第一节课
9:10—9:50	第二节课
10:00—10:05	眼保健操
10:05—10:45	第三节课
	第四节课

---

① 本书第 1~15 篇所指教材为《小学三年级数学上册》(人教版)。

我一看，第 1 问是求上午第一节课用了多长时间。我再看表格，发现第一节课开始时间是 8 时 20 分，结束时间是 9 时，于是我和爸爸说："用 9 时减去 8 时得到 1 小时。将 1 小时换算成 60 分钟，再用 60 分钟减去 20 分钟得到 40 分钟。所以第一节课用了 40 分钟。"

爸爸说："好。"然后他又让我讲第 4 问的第 2 问：请你填出第四节课的上课时间。

这个我会，用第三节课结束时间加课间时间就等于第四节课开始时间，再用第四节课开始时间加 40 分钟就等于结束时间。可是课间时间是多少呢？我用第二节课开始时间 9 时 10 分减去第一节课结束时间 9 时得到 10 分钟，课间时间就是 10 分钟。

现在，我用第三节课结束时间 10 时 45 分加 10 分钟得到 10 时 55 分，这就是第四节课开始时间。

再用 10 时 55 分加 40 分钟。因为 55 分离 1 小时还差 5 分钟，于是，我便从 40 分钟里取 5 分钟，还剩 35 分钟，10 时加 1 小时等于 11 时，再加上 35 分钟得到 11 时 35 分，所以第四节课结束时间就是 11 时 35 分。

爸爸在电脑上找出了从谷城北到深圳北的高铁时刻表，爸爸要我算出 13 时 7 分到 21 时 4 分经过的时间。

我照刚才的算法，先用 21 时减去 13 时得到 8 时，再看 4 分减不了 7 分，就从 8 时里取出 1 时换算成 60 分钟，加上 4 分钟就成了 64 分钟，减去 7 分钟得到 57 分钟。而 8 时减去借走的 1 时得到 7 时，7 小时加 57 分钟得到 7 小时 57 分钟，所以从谷城北到深圳北要花 7 小时 57 分钟。

爸爸又找出从深圳北到谷城北的时刻表，要我算 10 时 27 分到 18 时零 3 分经过的时间。

我还用那种方法。18 时减去 10 时得到 8 小时，3 分钟减不了 27 分钟，就从 8 时里面取出 1 小时换算成 60 分钟，这样就成了 63 分钟减去 27 分钟得到 36 分钟。8 时借走 1 小时还剩 7 小时，7 小时加 36 分钟得到 7 小时 36 分钟，所以从深圳北到谷城北要花 7 小时 36 分钟。

爸爸夸我算得好，然后他继续说："我们来看一下这种解题方法。分钟够减的就直接减，不够减的就向小时借 1 换算成 60 分钟。加法时，分钟加起来多于 60 或者等于 60 了就向小时进 1。"

爸爸说完，又接着问我："你在前面有没有学过类似的方法？"

我想了想说："是数字的加减法吧。"

爸爸又问："那数字的加减法和时间的加减法有什么区别吗？"

我说："数字的加法是满 10 进 1，减法是借 1 当 10；时间的加法是满 60 进 1，减法是借 1 当 60。"

爸爸说："很好！看来，时间加减法和数字加减法只有一点细微的差别，并没有什么本质的差别啊。那么数字加减法的简单直观的竖式计算法能不能用在时间加减法里呢？我们不妨用竖式来计算刚才的几道题。"

于是我就仿照数字加减法列了下面的竖式(图 1)。

```
    •                                      •           •
  9：00       9：10     10：45     10：55     21：04     18：03
 -8：20      -9：00     +   10     +   40    -13：07    -10：27
 ───────    ───────    ───────    ───────    ───────    ───────
    40          10     10：55     11：35      7：57      7：36
```

图 1

我把答案对照列的横式看了一下，发现一模一样！

看来，时间的加减法也能像数字的加减法一样用竖式来计算。小朋友，这个研究对你有帮助吗？

2
铁连环的长度

爸爸叫我讲教材第 25 页最下面的思考题。

求图中三个铁连环的总长度(图 1)。

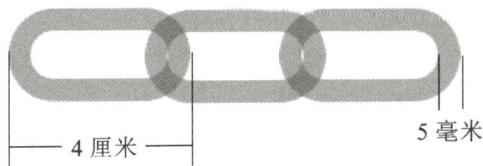

图 1

我说:"总共有 3 个铁环,每个铁环长 4 厘米,就用 3 乘 4 得到 12 厘米。铁环左边交叉的地方要减去两个 5 毫米,共减 1 厘米。右边也有个交叉的地方,所以又要减 1 厘米。12 厘米减 2 厘米得到 10 厘米,这 3 个铁环总长 10 厘米。"

爸爸说:"很好。那你再算一下 30 个铁环连在一起的总长度。"

我算了一会儿,然后对爸爸说:"我发现先用铁环的个数乘以 1 个铁环的长度,再减去比铁环个数少 1 的数,得数就是铁环连在一起的总长度。用 30 乘 4 得到 120,再减去 29 得到 91,所以 30 个铁连环的长度是 91 厘米。"

爸爸问:"你是怎么知道这个规律的?"

我说:"我先把 1 个铁环的长度、两个铁连环的长度……5 个铁连环的长度都算了出来,放在一起观察,然后就发现这个规律了。"

爸爸说："那你再算一下 30000 个铁环连在一起的总长度。"

我想了想，又在本子上算了算，说："用 30000 乘以 4 得到 120000，用 120000 减去 29999 得到 90001，所以 30000 个铁环连在一起长 90001 厘米。"

爸爸说："你的算法就像数列填空，先找到了反映一列数字的规律的式子（表1）。这里是拿所有铁环数乘以 4 厘米，再减去前一个铁环数，就等于这些铁环连起来的总长度。但是后面万一有一个式子不是这样的呢?"

表 1

铁环数	铁连环长度/厘米	式子
1	4	$1 \times 4 - 0$
2	7	$2 \times 4 - 1$
3	10	$3 \times 4 - 2$
4	13	$4 \times 4 - 3$
5	16	$5 \times 4 - 4$

爸爸接着说："你算 30 个和 30000 个铁连环长度的式子其实可以从你算 3 个铁连环长度的思路(图2)出发，你当时只是没有把这个思路想清楚。你看，两个铁环相连就一定会形成一个交叉，所以 3 个铁环相连才会有两个交叉。现在你试着用这种思路分析一下 30 个和 30000 个铁连环的长度。"

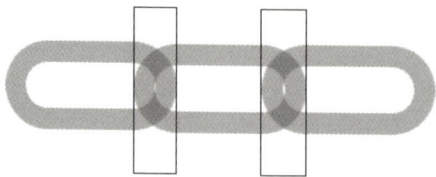

图 2

爸爸一提示，我一下子就清楚了，我说："30 个铁环就有 29 个地方是交叉的，所以用 30 乘以 4 得到 120 厘米，再用 120 减去 29 得到 91 厘米。30000 个铁环也如此，用 30000 乘以 4 得到 120000 厘米，再用 120000 减去 29999 得到 90001 厘米。"

爸爸说："好。刚才的两种方法其实从式子上看都是一大类，现在爸爸来教你另一种方法。我们要把长长的铁环分成一模一样的一段一段的，这样，铁环增多时，就只是那一段一段的增多了。我先列出它的式子（表 2）。"

表 2

铁环数	铁连环长度/厘米	式子
1	4	1 × 3 + 1
2	7	2 × 3 + 1
3	10	3 × 3 + 1
4	13	4 × 3 + 1
5	16	5 × 3 + 1

"为什么要写这样的式子呢？原因就在这幅图里。"爸爸画了个图（图 3），接着说，"我们从每个铁环的最左端开始，划到下一个铁环的最左端，这算一段。因为最后总会多出 1 厘米，所以都要加 1。3 个铁环就用 3 乘以 3 厘米得到 9 厘米，再加边儿上那 1 厘米就是 10 厘米。30 个铁环就用 30 乘以 3 厘米得到 90 厘米，再加边儿上那 1 厘米就是 91 厘米。"

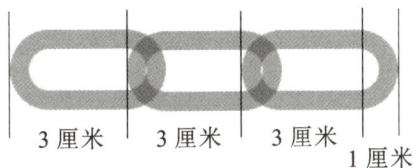

3 厘米　　3 厘米　　3 厘米　1 厘米

图 3

爸爸确定我明白了，又说："这样的划分法还有，你自己找一找看。"

我想了一会儿，画出了下面这个图（图 4）。

从图4中的划分法可以看出，30个铁环就用30乘以3厘米得到90厘米，加上旁边两个5毫米，是91厘米。30000个铁环也如此，用30000乘以3厘米得到90000厘米，再加上旁边两个5毫米，得到90001厘米。

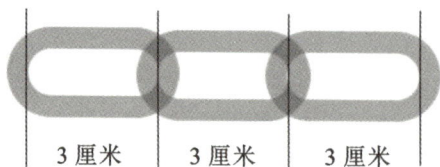

3厘米　　3厘米　　3厘米

图4

3

方案题

爸爸让我讲教材第 35 页的第 7 题。

有 28 人一起去公园坐船。大船限坐 6 人，小船限坐 4 人。租一条大船要花 10 元，租一条小船要花 8 元。哪个租船方案最省钱？

我列了这样一个方案的表格(表 1)。

表 1

租船方案	大船数/条	小船数/条	最多能坐的人数/人
①	4	1	28
②	3	3	30
③	2	4	28
④	1	6	30
⑤	0	7	28

然后又列了一个挑选和比较方案的表格（表2）。

表2

租船方案	大船数/条	小船数/条	付钱总数/元
①	4	1	48
③	2	4	52
⑤	0	7	56

这时，爸爸问我："你列了5个方案，而且是按照大船从多到少的顺序列的，这很好。但是你为什么不从租5条大船开始列方案呢？"

我说："上课的时候老师好像说租5条大船坐不满，但是租4条大船和1条小船刚好能坐满，我就从刚好坐满开始列方案。"

爸爸想了想，对我说："那你把总人数改成27人再试试看。"

我算了算，发现怎么租船都坐不满，于是就列了下面的表格（表3、表4）。

表3

租船方案	大船数/条	小船数/条	最多能坐的人数/人
①	4	1	28
②	3	3	30
③	2	4	28
④	1	6	30
⑤	0	7	28

表4

方案租船	大船数/条	小船数/条	付钱总数/元
①	4	1	48
③	2	4	52
⑤	0	7	56

我写完了，爸爸又问："这次你为什么还是不从租 5 条大船开始列方案呢?"

我说："5 条大船也坐不满，4 条大船加 1 条小船也坐不满，但是 5 条大船会多出 3 个空位，4 条大船加 1 条小船只多出 1 个空位啊。"

爸爸思考了一会儿，说："好吧，有道理。但是你两道题都列了 5 个方案，为什么都只选了 3 个方案来比较呢?"

我说："老师说要挑正好坐满的方案，也就是最多能坐的人数与实际人数相等的方案，所以第一题我就挑了方案①、③、⑤(表 2)。但是第二题没有正好坐满的方案，我就挑了最多能坐的人数与实际人数最接近的方案。"

爸爸说："很好。那你把列方案的规则和挑选方案的规则都总结一下吧。"

于是我写了下面两条规则：

(1)列方案的规则：能一次坐满就从一次坐满开始，不能一次坐满就从坐得最接近满员的方案开始。

(2)挑选用来进行比较的方案的规则：找出最多能坐的人数与实际人数最接近的方案。

爸爸看我写完了，说："好，我们总结出了列方案和挑选方案的规则，下面检验一下。回到教材原题，这次我们不改动人数，但是把小船好好装修一下，那就不能再租 8 元了，要租 12 元。再做做看。"

于是，按照刚刚总结出来的规则，我列了下面的表格(表 5、表 6)。

总结小能手就是我!

表 5

租船方案	大船数/条	小船数/条	最多能坐的人数/人
①	4	1	28
②	3	3	30
③	2	4	28
④	1	6	30
⑤	0	7	28

表 6

租船方案	大船数/条	小船数/条	付钱总数/元
①	4	1	52
③	2	4	68
⑤	0	7	84

我一边把答案给爸爸看，一边在心里想："这明明不是最好的方案啊，5 条大船才花 50 元呢！这是怎么回事呢？"果然就听到爸爸说："你再把租 5 条大船的方案算一下。"

我脱口而出："50 元。"然后我一下子就想到了点儿什么，就跟爸爸说："爸爸，你这样的题目不能算数的，因为大船比小船还便宜啊，不算一个类型的题目了。"

爸爸夸了夸我，又说："那好吧。还是 28 个人，但是小船能坐 5 人，要 10 元，大船能坐 8 人，要 14 元，你再做做看。"

我算了算，发现正好有一种方案能坐满，就是 1 条大船加 4 条小船，要花 54 元。我觉得这次肯定没问题，可是爸爸要我从只坐大船开始列出所有方案，并把付钱总数都算出来再比较。哼，列就列，于是我列出了下面的表格（表 7）。

表 7

租船方案	大船数/条	小船数/条	最多能坐的人数	付钱总数/元
①	4	0	32	56
②	3	1	29	52
③	2	3	31	58
④	1	4	28	54
⑤	0	6	30	60

看着自己列出来的表格，我可傻了眼，最省钱的居然不是刚好坐满的方案④，而是还空一个座位的方案②！可是为什么呢？好不容易建立的列方案的规则被打破了，挑方案的规则也被打破了，那还有规则吗？找规则还有意义吗？

爸爸笑了笑，指着我做的前两道题的表格慢慢地说："你看啊，你每道题都有全坐小船的方案，偏偏就漏掉全坐大船的方案，还要给它建立一个规则。现在，这个规则被第三题和第四题打破了，这是一件很有意义的事。其实啊，我们人类对于自然的认识就像我们小学生对周围事物的认识一样，有错误的，有正确的，还有未知的。从未知里发现一个正确的认识，是研究的意义。从已知的认识里纠正一个错误的认识，同样是研究的意义啊。"

我仔细想了想，是啊，老师不仅仅会认真地教我们新知识，也会反复强调要我们改正作业和试卷上的错题呢。嗯，就是这个道理。我跟爸爸说："好吧，这样的题目本来就没有规则，我们就算是纠正了一道错题吧。"

爸爸看了我一眼，又笑了："谁跟你说没有规则的？做研究，你要再仔细一些哦！"

我惊呆了，刚刚我们不是把规则都打破了吗？就听爸爸接着说："乐乐，你有没有想过，为什么你们老师每次都让你们从大船入手而不从小船入手呢？这样吧，还是教材上的原题，你这次把从全坐大船的方案开始的表格和从全坐小船的方案开始的表格都列出来，好好对比一下，看看有什么发现。"

这倒不难，我于是又列了下面的表格（表8、表9）。

表8

租船方案	大船数/条	小船数/条	最多能坐的人数/人
①	5	0	30
②	4	1	28
③	3	3	30
④	2	4	28
⑤	1	6	30
⑥	0	7	28

表 9

租船方案	小船数/条	大船数/条	最多能坐的人数/人
①	7	0	28
②	6	1	30
③	5	2	32
④	4	2	28
⑤	3	3	30
⑥	2	4	32
⑦	1	4	28
⑧	0	5	30

经过对比，我发现，从大船入手的 6 个方案全在从小船入手的 8 个方案里。但是毕竟少了 2 个方案啊，难道老师就不怕少的那 2 个方案更省钱吗？我问爸爸，爸爸叫我把那 2 个方案圈出来，然后用它们跟没有圈出来的 6 个方案一个一个对比，看看这 2 个方案有没有可能是最省钱的。

我花了 1 个小时，也只发现从小船入手的 8 个方案里的方案③和方案⑥比其他 6 个方案空位都多，这大概能说明这 2 个方案不可能是最省钱的吧。

爸爸听了我的发现，说："好吧，你列的表格可能迷惑住你自己了，你把'最多能坐的人数'那一列删掉，再仔细对比看看。"

这一回，我很快就发现方案③比方案④多租了一条小船，方案⑥比方案⑦多租了一条小船。所以不管租金是多少，方案③和方案⑥都不可能是最省钱的方案，确实可以划掉。所以老师叫我们从大船入手是不会漏掉最省钱的方案的。这时，爸爸对我说："对啊，这才是这类题的规则。"

"可是为什么会有这个规则呢？"我问爸爸。

爸爸指着表格说："你仔细看看大船数总共有几种，再看看小船数总共有几种，好好想想它们的组合。"

我看了好久，总算明白了。原来，小船数总共有 8 种，大船数总共才 6 种，要给每一种小船数都配一个大船数组成一个方案，一定会有大船数重复出现，也就是一定会有大船数相同而小船数不同的方案，所以一定会有像刚才的方案③和方案⑥那样的可以直接划掉的方案。

这一次，我是真的好开心啊！我不仅找出了错误的规则，还找出了新的正确的规则！

4

乘积差规律

第一天放学路上，爸爸发现我们在学一位数与多位数的乘法，他就问我："15 乘 6 等于多少?"我在心里算了算，说："90。"

爸爸又问："16 乘 5 呢?"我赶紧算了算说："80。"

"18 乘 9?""162。""19 乘 8?""152。"

爸爸突然"咦"了一声，问我："你有没有发现什么规律啊?"

我说："有规律吗?"

爸爸让我听仔细了，于是又问我："11 乘 2?"我说："22。""12 乘 1?""12。""13 乘 4?""52。""14 乘 3?""42。"……这下，我好像有点儿明白了。

回到家，我就列了下面的表格(表 1)。

表 1

乘积一	乘积二	乘积差
$10 \times 1 = 10$	$11 \times 0 = 0$	10
$11 \times 2 = 22$	$12 \times 1 = 12$	10
$12 \times 3 = 36$	$13 \times 2 = 26$	10
$13 \times 4 = 52$	$14 \times 3 = 42$	10

续表1

乘积一	乘积二	乘积差
$14 \times 5 = 70$	$15 \times 4 = 60$	10
$15 \times 6 = 90$	$16 \times 5 = 80$	10
$16 \times 7 = 112$	$17 \times 6 = 102$	10
$17 \times 8 = 136$	$18 \times 7 = 126$	10
$18 \times 9 = 162$	$19 \times 8 = 152$	10

你们也发现了吗？这里面有个有趣的规律：在一个两位数乘一位数的乘法算式中，如果这个两位数的个位与这个一位数只相差1，那么，当这个两位数的个位与这个一位数交换一下得到一个新的乘法算式时，新旧乘积只相差10。

第二天放学路上，爸爸问我："18乘7？"我说："126。"

爸爸又问："那17乘8呢？你不算能知道吗？"我说："知道啊，116。"

爸爸笑了笑，叫我算一遍。我一算，不是116，而是136，哎呀，太丢人了！

爸爸又问了我几组题，这回，我一个也没有抢答，都老老实实地口算出来了。

爸爸说："既然你能发现相差10的规律，其实可以更进一步，找一找加10还是减10有没有规律。"

回到家，我就把昨天列的表格拿出来仔细看了一遍。真怪自己不够细心，还有这么明显的一个规律我都没有找出来！原来，在每一横行的两个算式中，一位数大的，乘积就大；一位数小的，乘积就小。

第三天放学路上，爸爸问我："15乘7？"我算了说："105。"

爸爸又问："17乘5呢？"我还是算了算说："85。"

"12乘4？""48。"

"14乘2？""28。"

"16乘8？""128。"

"18乘6？""108。"

……

很快就要到家了，爸爸说："今天做的这些口算题，你发现有什么特点和规律吗？"

我说："爸爸，我今天听得很仔细，个位数的差都是2，乘积差都是20。"

爸爸说："很棒！你过会儿检验一下吧。"

回到家，我就列了下面的表格（表2）。

表 2

乘积一	乘积二	乘积差
$10 \times 2 = 20$	$12 \times 0 = 0$	20
$11 \times 3 = 33$	$13 \times 1 = 13$	20
$12 \times 4 = 48$	$14 \times 2 = 28$	20
$13 \times 5 = 65$	$15 \times 3 = 45$	20
$14 \times 6 = 84$	$16 \times 4 = 64$	20
$15 \times 7 = 105$	$17 \times 5 = 85$	20
$16 \times 8 = 128$	$18 \times 6 = 108$	20
$17 \times 9 = 153$	$19 \times 7 = 133$	20

确实，个位数相差2时，乘积的差都是20。

我仔细地把这个表格跟第一天的表格对比了一下，然后我就想，如果个位数的差是3，乘积差会是30吗？于是我又列了一个表格（表3）。

表 3

乘积一	乘积二	乘积差
$10 \times 3 = 30$	$13 \times 0 = 0$	30
$11 \times 4 = 44$	$14 \times 1 = 14$	30
$12 \times 5 = 60$	$15 \times 2 = 30$	30
$13 \times 6 = 78$	$16 \times 3 = 48$	30
$14 \times 7 = 98$	$17 \times 4 = 68$	30
$15 \times 8 = 120$	$18 \times 5 = 90$	30
$16 \times 9 = 144$	$19 \times 6 = 114$	30

真的是这样呢！那如果个位数的差是4，乘积差会是40吗？我又列了一个表格（表4）。

表 4

乘积一	乘积二	乘积差
10×4＝40	14×0＝0	40
11×5＝55	15×1＝15	40
12×6＝72	16×2＝32	40
13×7＝91	17×3＝51	40
14×8＝112	18×4＝72	40
15×9＝135	19×5＝95	40

还是的！那如果个位数的差是 5，是 6，是 7、8、9 呢？这次，我又列了一个表格(表 5)，只是没再写那么多算式了。

表 5

乘积一	乘积二	个位数的差	乘积差
13×8＝104	18×3＝54	5	50
12×8＝96	18×2＝36	6	60
12×9＝108	19×2＝38	7	70
11×9＝99	19×1＝19	8	80
10×9＝90	19×0＝0	9	90

都是的！而且谁大谁小仍然按照第二天总结的规律。于是，我把第一天得到的规律改写了一下：两位数乘一位数，当这个两位数的个位与这个一位数交换一下得到一个新的两位数乘一位数时，新旧乘积的差等于这个两位数的个位与这个一位数的差乘以 10。

我原以为可以歇口气了，没想到第四天放学路上，爸爸又问我新的题目了："25 乘 6 得多少？"我算了算说："150。"

爸爸又问："26 乘 5 呢？"我算了算说："130。"

"22 乘 3？""66。"

"23 乘 2？""46。"

"28 乘 9？""252。"

"29 乘 8？""232。"

……

我知道，爸爸肯定不是让我算算就完事，他肯定还是希望我再找找看有没有规律。回到家，我就仔仔细细列了一张表格(表6)。

表6

乘积一	乘积二	乘积差
$20 \times 1 = 20$	$21 \times 0 = 0$	20
$21 \times 2 = 42$	$22 \times 1 = 22$	20
$22 \times 3 = 66$	$23 \times 2 = 46$	20
$23 \times 4 = 92$	$24 \times 3 = 72$	20
$24 \times 5 = 120$	$25 \times 4 = 100$	20
$25 \times 6 = 150$	$26 \times 5 = 130$	20
$26 \times 7 = 182$	$27 \times 6 = 162$	20
$27 \times 8 = 216$	$28 \times 7 = 196$	20
$28 \times 9 = 252$	$29 \times 8 = 232$	20

将这张表格与第一天的表格一对比，我发现，原来，乘积差还与十位数有关，这里是十位数乘以10。

这时，我又想起了昨天的那些算式。如果昨天的那些十位数不是1，而是2，是3，是4、5、6、7、8、9呢？乘积差还会有规律吗？我赶紧把昨天的表格拿出来照着列了两个新表格。

个位数的差是2的表格(表7)。

表7

乘积一	乘积二	乘积差
$20 \times 2 = 40$	$22 \times 0 = 0$	40
$21 \times 3 = 63$	$23 \times 1 = 23$	40
$22 \times 4 = 88$	$24 \times 2 = 48$	40
$23 \times 5 = 115$	$25 \times 3 = 75$	40
$24 \times 6 = 144$	$26 \times 4 = 104$	40
$25 \times 7 = 175$	$27 \times 5 = 135$	40
$26 \times 8 = 208$	$28 \times 6 = 168$	40
$27 \times 9 = 243$	$29 \times 7 = 203$	40

个位数的差是 3 的表格(表 8)。

表 8

乘积一	乘积二	乘积差
$20 \times 3 = 60$	$23 \times 0 = 0$	60
$21 \times 4 = 84$	$24 \times 1 = 24$	60
$22 \times 5 = 110$	$25 \times 2 = 50$	60
$23 \times 6 = 138$	$26 \times 3 = 78$	60
$24 \times 7 = 168$	$27 \times 4 = 108$	60
$25 \times 8 = 200$	$28 \times 5 = 140$	60
$26 \times 9 = 234$	$29 \times 6 = 174$	60

从这两个表格我发现,乘积差等于个位数的差乘以十位数再乘以 10。

这是不是一条新的规律呢?我找了各种各样的算式来进行检验,并把它们列成了一张新的表格,大家·起看看吧(表 9)。

表 9

乘积一	乘积二	乘积差	个位数的差	十位数
$31 \times 5 = 155$	$35 \times 1 = 35$	120	4	3
$52 \times 7 = 364$	$57 \times 2 = 114$	250	5	5
$73 \times 9 = 657$	$79 \times 3 = 237$	420	6	7
$21 \times 8 = 168$	$28 \times 1 = 28$	140	7	2
$61 \times 9 = 549$	$69 \times 1 = 69$	480	8	6
$80 \times 9 = 720$	$89 \times 0 = 0$	720	9	8

看来,我确实找到了一条更好的规律:两位数乘一位数,当这个两位数的个位与这个一位数交换一下得到一个新的两位数乘一位数时,新旧乘积的差等于这个两位数的个位与这个一位数的差乘以十位数再乘以 10。关于谁大谁小,还是按照第二天的规律。

周末,我把最终的规律拿给爸爸看,爸爸直夸我做得好。然后爸爸又问我了："那你知道为什么会有这个规律吗?"

我不知道,于是爸爸引导我列了两个连等式:

$34 \times 2 = 34 + 34 = 30 + 4 + 30 + 4 = (4 + 4) + (30 + 30) = 4 \times 2 + 30 \times 2$

$32 \times 4 = 32 + 32 + 32 + 32 = 30 + 2 + 30 + 2 + 30 + 2 + 30 + 2$

$\qquad = (2 + 2 + 2 + 2) + (30 + 30 + 30 + 30) = 2 \times 4 + 30 \times 4$

对比一下这两个连等式,你找出原因了吗?

我们也可以列教材第60页那样的竖式,这样,对比的效果可能更明显一些(图1)。

$$
\begin{array}{r}
3\ 4 \\
\times\quad 2 \\
\hline
8 \\
+\ 6\ 0 \\
\hline
6\ 8
\end{array}
\qquad
\begin{array}{r}
3\ 2 \\
\times\quad 4 \\
\hline
8 \\
+\ 1\ 2\ 0 \\
\hline
1\ 2\ 8
\end{array}
$$

图1

原来,这两个乘法算式的差不在个位数乘一位数上,而在十位数乘一位数上。

后来我问爸爸,咱们找到规律不就行了嘛,为什么还要知道为什么会有这个规律呢?

爸爸对我说:"规律能让我们的生活更简单、更美好。但是,如果不知道为什么会有这个规律,那就不能保证规律是正确的,我们用起来也就不踏实、不安全。"

这个乘积差规律是不是很有趣啊?让我们去发现更多有趣的规律吧!记得,还要尽量去搞明白为什么哟。

5
乘 99 的规律

爸爸指着教材第 65 页的第 15 题问我："这里面有什么规律啊？"我赶紧把算式都先算了出来：

$$99 \times 1 = 99$$
$$99 \times 2 = 198$$
$$99 \times 3 = 297$$
$$99 \times 4 = 396$$
$$99 \times 5 = 495$$
$$99 \times 6 = 594$$
$$99 \times 7 = 693$$
$$99 \times 8 = 792$$
$$99 \times 9 = 891$$

然后我想了好半天说："这里有好多规律。①这些乘积的个位数一个比一个少 1；②乘积的百位数一个比一个多 1；③乘积的十位数一直都是 9；④把每个等式左边数字里的十位数和右边数字里的十位数都删去，等式仍然成立；⑤乘积里的百位数加上个位数都等于十位数的 9。"

爸爸说："很好！那你知道为什么吗？"我说："我去找一下就行了！"可是我找了 1 个小时也没找出来。

爸爸让我把那些乘法横式按照教材第

60 页虚线方框里的乘法竖式的方法再算一遍,以下就是我列的竖式(图1)。

```
   99     99     99      99      99     99     99     99     99
 ×  1   ×  2   ×  3    ×  4    ×  5   ×  6   ×  7   ×  8   ×  9
 ───── ───── ───── ────── ────── ───── ───── ───── ─────
    9     18     27      36      45     54     63     72     81
    9     18     27      36      45     54     63     72     81
 ───── ───── ───── ────── ────── ───── ───── ───── ─────
   99    198    297     396     495    594    693    792    891
```

图 1

我仔细地观察这些竖式,发现:

规律①是因为,跟9相乘的那个一位数每增加1,就等于多加一个9,也就是十位加1,个位减1,所以得数的个位一个比一个少1。

规律②是因为,乘积里的百位数其实就等于9乘那个一位数得到的乘积里的十位数,所以,根据规律①里的道理,它们一个比一个多1。

规律③的原因我也找到了。从竖式可以看出,乘积里的十位数其实就等于那个一位数跟9相乘所得乘积里的十位数与个位数的和。因为9乘1得9,9乘2只是在9乘1的基础上加了一个9,也就是十位加了个1,个位减了个1,所以十位数与个位数的和没有改变,还是9。9乘3又是在9乘2的基础上加了一个9,仍然是十位加了个1,个位减了个1,十位数与个位数的和还是没变,还是9。乘4、乘5、乘6、乘7、乘8、乘9也是如此。

规律④是因为抹去十位数后,就成了9乘一个一位数,所以等式仍然成立。

规律⑤,百位数加个位数其实就等于那个一位数跟9相乘所得乘积里的十位数与个位数的和。与规律③的道理一样,百位数加个位数都得9。

爸爸说:"看来这些规律你都懂了。可是这么奇妙的规律是只有乘99才有呢,还是乘88、乘77、乘66都有呢?我们不妨拿乘88来试一下。"

于是我就列了下面的竖式(图2)。

```
   88     88     88      88      88     88     88     88     88
 ×  1   ×  2   ×  3    ×  4    ×  5   ×  6   ×  7   ×  8   ×  9
 ───── ───── ───── ────── ────── ───── ───── ───── ─────
    8     16     24      32      40     48     56     64     72
    8     16     24      32      40     48     56     64     72
 ───── ───── ───── ────── ────── ───── ───── ───── ─────
   88    176    264     352     440    528    616    704    792
```

图 2

　　我看了一遍，咦，88 乘 6 怎么不对劲，百位上的 5 加个位上的 8 不等于十位上的 2 呀？88 乘 7 和 88 乘 8 也不对劲。我仔细再看，原来它们进位了。

　　至于别的规律，我也看了一下，发现：乘积的个位数根本不是一个比一个少 1 的；百位数也不是一个比一个多 1 的；十位数也都不一样；把等式左右两边的数里的十位数都抹掉，等式有几个不能成立。

　　看来，这些奇妙的规律只有乘 99 才有啊！

6

奇怪的商

有一天，爸爸知道我们刚学了 0 和任何数相乘都得 0 的知识点，他照常出了几道口算题："12÷3？"我说："4。"

"24÷3？"我说："8。"

"6÷3？"我说："2。"

"3÷6？"我说："这个……老师没教。"

爸爸说："9÷6？"我说："得 1 余 3。"

爸爸问："那你的 1 是怎么来的？"

我说："乘法口诀表里有 1×6 得 6，2×6 得 12，超过 9 了，所以得数是 1。"

爸爸说："你学了 1×6、2×6，做除法就知道用它们。你不也学了 0×6 吗？为什么就不把它用在除法里呢？"

我说："因为它不在乘法口诀表里。"

爸爸说："0×6 跟 1×6、2×6 一样，都是普普通通的乘法，所以也可以用它。那你现在研究一下，3÷6 等于几？"

我想了想说："知道了。1×6 得 6，超过 3 了，所以用 0×6 得 0。3 减 0 是 3，所以 3÷6 等于 0 余 3。"

爸爸说："很好。乘法口诀表是叔叔阿姨们发现的规律，0 和任何数相乘都得 0 也是叔叔阿姨们发现的规律。为什么 0 乘几没在乘法口诀表上呢？因为我们还很小的时候只能理解一个就是 1，两个就是 2，不能理解没有就是 0。当然，现在我们知道了，所以要把 0 乘几跟乘法口诀表一样好好去用。"

爸爸接着说："其实啊，叔叔阿姨们每天都还在研究新的规律，规律就在不断地更新，他们的目的就是想让我们做什么都更方便。如果我们不用的话，那叔叔阿姨们研究这些规律干什么呢?"

学了知识和规律就要好好去用它，这样才能让我们的生活变得更美好，也会让我们的能力变得更强大。等我们长大了，我们才能够让别人也过得更美好。

7

乘 10 的规律

我们刚学了多位数乘一位数。一天，接我放学的路上爸爸出了几道口算题："12×5?"

我算了算说："等于 60。"

爸爸又问："12×10 呢?"

我说："这个……老师还没教啊。"

爸爸说："你想想，12×5 就是 5 个 12，12×10 就是 10 个 12，它们之间有什么关系呢?"

我说："12×5 是 12×10 的一半。"

爸爸说："那 12×10 应该是多少呢?"

我说："我知道了，12×10 就是 60 加 60，等于 120。"

接着，爸爸又出了"38×5"，我说"190"。爸爸又问："38×10 呢?"我说："190 加 190，等于 380。"

爸爸又问："28×5?"我说："140。""28×10?""140 加 140，是 280。"

……

快到家了，爸爸问我："你发现乘 10 的规律了吗?"

我摇了摇头说："还没有呢!"

爸爸说："那你回家后就把 1×10、2×10 到 20×10 都写出来看看有什么规律。"

于是我写了以下等式：

$1×10=10$ $2×10=20$ $3×10=30$ $4×10=40$ $5×10=50$

$6 \times 10 = 60$ $7 \times 10 = 70$ $8 \times 10 = 80$ $9 \times 10 = 90$ $10 \times 10 = 100$

$11 \times 10 = 110$ $12 \times 10 = 120$ $13 \times 10 = 130$ $14 \times 10 = 140$ $15 \times 10 = 150$

$16 \times 10 = 160$ $17 \times 10 = 170$ $18 \times 10 = 180$ $19 \times 10 = 190$ $20 \times 10 = 200$

我看了半天也没看出什么规律。

爸爸说:"那你把它们列成一个表格吧。第一列是 1 到 20 这些乘数,第二列是 1 到 20 乘以 10 的得数。"

于是我列了下面这张表格(表1)。

表 1

乘数	得数
1	10
2	20
3	30
4	40
5	50
6	60
7	70
8	80
9	90
10	100
11	110
12	120
13	130
14	140
15	150
16	160
17	170
18	180
19	190
20	200

我一边列表一边就看出来了，乘以 10 就是在乘数后面加一个 0。

接着爸爸就说："在生活中只要善于观察，善于思考，就能发现一些规律。你看我们教材第 23 页有一句话：80 厘米里面有 8 个 10 厘米。这句话换成数学算式是什么？"

我说："是 $8 \times 10 = 80$。"

爸爸说："你看，才刚开学，我们还没学多位数乘一位数，而这句话就提示我们了，既然 $8 \times 10 = 80$，那也一样有 $6 \times 10 = 60$，$7 \times 10 = 70$……这样一来，刚开学我们就可以知道一位数乘以 10 就等于在这个一位数后面添个 0。"

我说："啊，这么简单我都没发现，真丢人！"

爸爸说："那倒不至于。"

接着，他把数学书翻到一个折页的地方，说："我们来看一下教材第 67 页的第 6 题。你看，这里写了 280×3 的两种乘法竖式，第一种是 3 和 0 对齐的，第二种是 3 和 0 不对齐的（图 1）。从第二种竖式来看，280×3 就是 28×3，后面再添个 0。同样的道理，10×5 就是 1×5，后面再添个 0，也就是直接在 5 后面添个 0。10×7 就是直接在 7 后面添个 0……所以，10 乘以任何一个一位数都是在那个一位数后面添个 0。现在都明白了吗？"

$$
\begin{array}{r}
2\ 8\ 0 \\
\times\ \ 3 \\
\hline
8\ 4\ 0
\end{array}
$$

图 1

我说："明白了！"

爸爸说："那现在挑战一下，100×5 等于多少？"

我说："按照这个规律，就是把上面两个 0 移下来，等于 500。"

爸爸说："可是我们教材上没有移两个 0 的说法啊！我们的研究也没有移过两个 0 啊！做研究要严谨，不能凭空造出一个规律。"

我说："那怎么算？"

爸爸说："其实你也会算，只是你以为自己找到了一条捷径，就忘了最基础的方法。你看，100×5 就是 5 个 100，加起来不就得了。"

我一算，还不是 500 嘛！我疑惑地对爸爸说："100×5 还是在 5 后面添两个 0 啊。"

爸爸说："对，而且 100 乘以任何一个一位数也都等于那个一位数后面直接添两个 0。结论虽然一样，可是来历不一样啊。加出来的当然觉得是对的，而直接把 0 移过来，心里不踏实啊。"

我说："我懂了，做数学题，每一步都要严谨。"

爸爸接着又问："那 1000 乘以一个一位数呢？10000 乘以一个一位数呢？"

我想了想说："1000 乘以几，就是几个 1000 相加，就是在那个一位数后面添 3 个 0；10000 乘以几，就是几个 10000 相加，就是在那个一位数后面添 4 个 0。"

爸爸高兴地说："很好！非常严谨。"

8

最小周长

爸爸检查我的数学作业。他指着我画的图形问："乐乐，你还能画出比这个图形周长更小的或者周长一样的别的图形吗?"

原来，这是教材第 87 页的第 4 题，问的是 18 个小正方格子组成的图形的最小周长。我画的是 3×6 的长方形图形(图 1)。

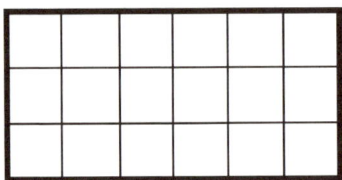

图 1

我又想了半天，实在想不到别的图形了。这时，爸爸画了一个 4×5 但是缺两格的缺角长方形图形(图 2)，要我数一数有多少小格子，再算一算图形的周长。

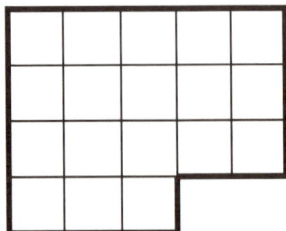

图 2

这很简单，18 个小格子嘛。至于周长，这种缺角长方形，根据平移法，它的周长和 4×5 的完整长方形的周长一样(图 3)，也和我画的 3×6 的长方形的周长一样，都是 18 个边长。天啊，我做作业的时候完全没想过这种缺角的长方形啊！不是说越集中周长就越小吗？这种缺角的图形也能算？

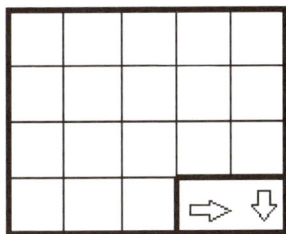

图 3

爸爸看我充满了困惑，就指着图对我说："你看，3×6 的图形(图 1)只要再加上一个小格子，周长就会增加。可是 4×5-2 的图形(图 2)，我可以再加上两个小格子，周长都不会变化。所以啊，4×5-2 的图形可说是比 3×6 的图形更集中呢。"

我的兴趣一下子就提起来了。爸爸对我说："乐乐，我们一起来研究一下这种组合图形的最小周长吧。"

爸爸让我从由 1 个小格子组成的图形开始画起，一直画到由 25 个小格子组成的各种集中图形，这花了我整整 3 小时！

等我画完了，爸爸仔细地看了一遍，然后指着我画的由 6 个小格子组成的图形(图 4)对我说："画图啊，要有固定的顺序，不然就很容易漏掉，或错误地增加一些图。我把你画的前四幅图调整一下(图 5)，这样就能很容易地看出画图顺序了，也就是从 1 行小格子变成 2 行小格子的时候是按什么顺序移动小格子的。这样一看，就知道没有漏图了。至于第五幅图，其实就是第三幅图中的两个小格子被打散了，它不集中，所以不应该画出来。"

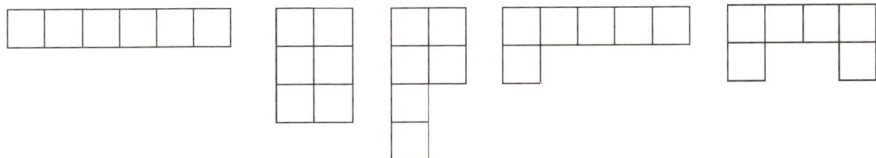

图 4

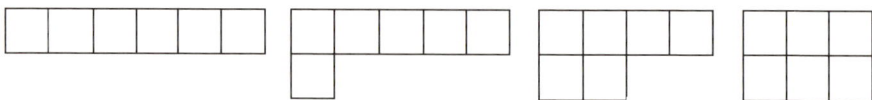

图 5

爸爸怕我不明白，还让我把我画的第五幅图和第三幅图的周长都算出来比较了一下。我发现第五幅图的周长比第三幅图的周长多两个边长，也就明白第五幅图确实不应该画出来了。

然后，爸爸又挑了我画的由 14 个小格子组成的各种图形，帮我纠正了怎样从两行小格子变成 3 行小格子和怎样从 3 行小格子变成 4 行小格子。

等我都搞明白了，爸爸要我重新画。这次，只需要从由 1 个小格子组成的图形一直画到由 16 个小格子组成的各种集中图形。

我画得更认真了，只花了 2 个小时，而且几乎没犯错误！

小朋友，我把纠正过的图形放在下面，你也核对一下吧。

1 个小格子(图 6)：

图 6

2 个小格子(图 7)：

图 7

3 个小格子(图 8)：

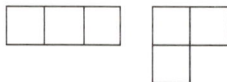

图 8

4 个小格子(图 9):

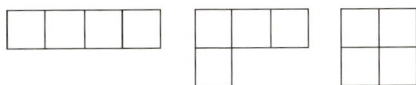

图 9

5 个小格子(图 10):

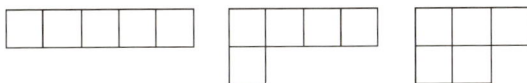

图 10

6 个小格子(图 11):

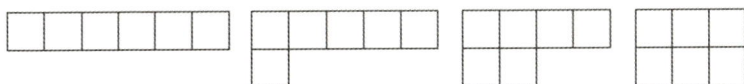

图 11

7 个小格子(图 12):

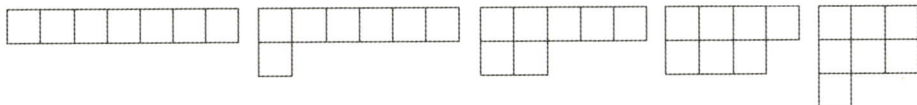

图 12

8 个小格子(图 13):

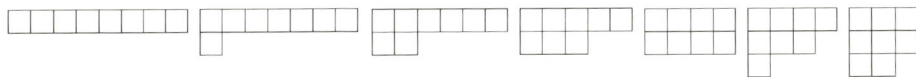

图 13

9 个小格子(图 14)：

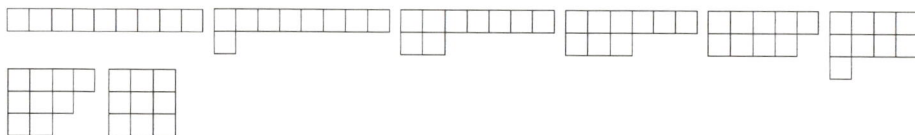

图 14

10 个小格子(图 15)：

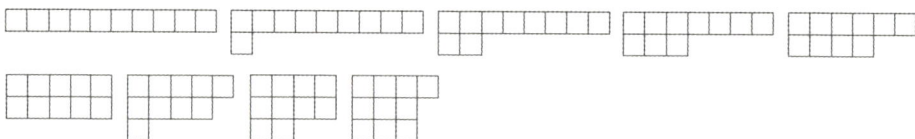

图 15

11 个小格子(图 16)：

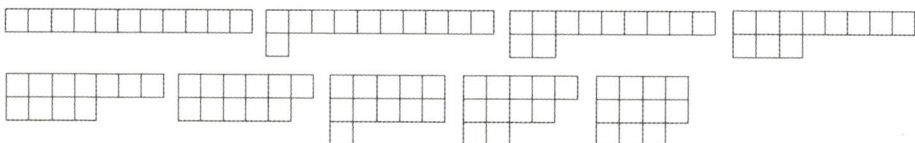

图 16

12 个小格子(图 17)：

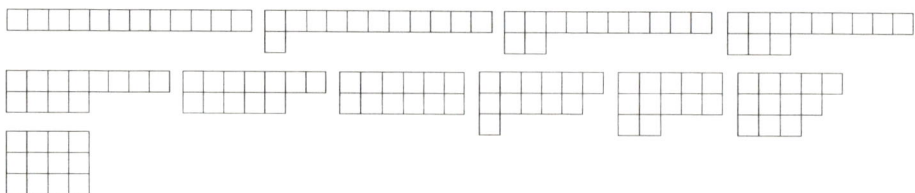

图 17

13 个小格子（图 18）：

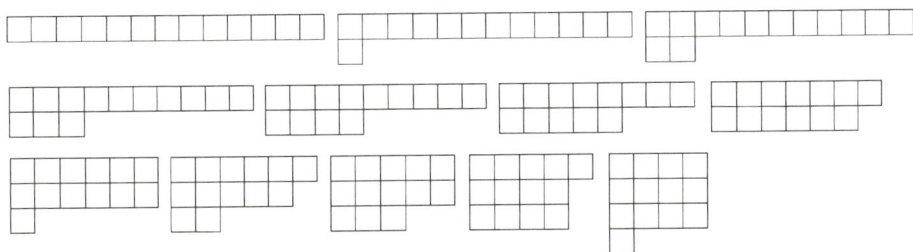

图 18

14 个小格子（图 19）：

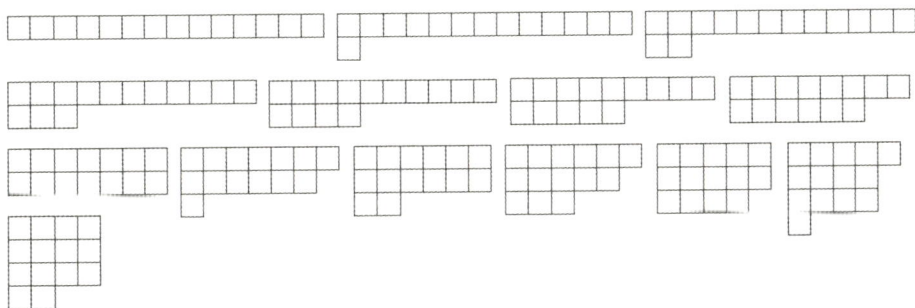

图 19

15 个小格子（图 20）：

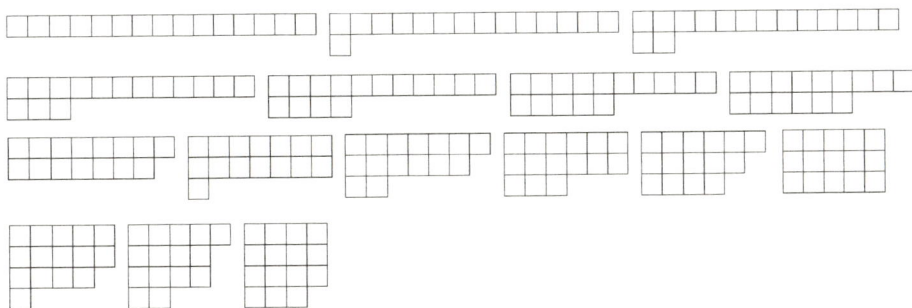

图 20

16个小格子(图21):

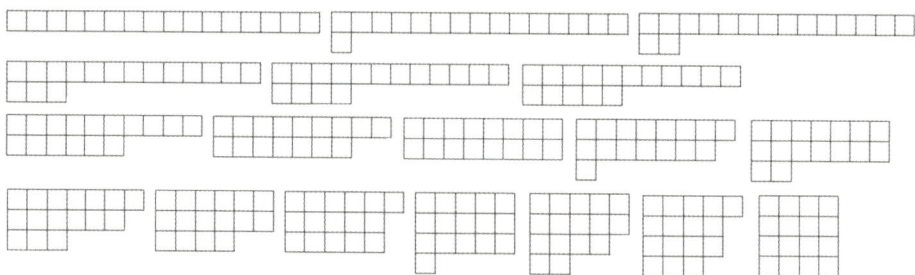

图21

接着,爸爸让我把所有图形的周长都算一下,按小方格子数从1到16的顺序找出各自的最小周长,画出拥有最小周长的最集中图形,并写出这个图形的排列表达式。

我又忙了好久,才列了一个表出来(表1)。

表1

小格子数	最集中图形	排列表达式	最小周长
1		1×1	(1+1)×2=4 个边长
2		1×2	(1+2)×2=6 个边长
3		2×2-1	(2+2)×2=8 个边长
4		2×2	(2+2)×2=8 个边长
5		2×3-1	(2+3)×2=10 个边长
6		2×3	(2+3)×2=10 个边长
7		3×3-2	(3+3)×2=12 个边长

续表1

小格子数	最集中图形	排列表达式	最小周长
8		$3 \times 3 - 1$	$(3+3) \times 2 = 12$ 个边长
9		3×3	$(3+3) \times 2 = 12$ 个边长
10		$3 \times 4 - 2$	$(3+4) \times 2 = 14$ 个边长
11		$3 \times 4 - 1$	$(3+4) \times 2 = 14$ 个边长
12		3×4	$(3+4) \times 2 = 14$ 个边长
13		$4 \times 4 - 3$	$(4+4) \times 2 = 16$ 个边长
14		$4 \times 4 - 2$	$(4+4) \times 2 = 16$ 个边长
15		$4 \times 4 - 1$	$(4+4) \times 2 = 16$ 个边长
16		4×4	$(4+4) \times 2 = 16$ 个边长

　　我问爸爸，由10个小格子组成的图形里，最集中图形有两个，这是怎么回事呢?

爸爸说这个问题不急着解决，先放着吧。他对我说："乐乐，现在我们把最集中图形和它的排列表达式都列出来了，你能找出什么规律吗？"

我认真地思考了一会儿，然后就发现排列表达式里乘法算式的乘数有规律，我高兴地告诉爸爸："爸爸你看，两个乘数都是 1、2、3、4 一直往上加 1 的，每个数字出现的次数不一样，第一个乘数的 1、2、3 是 2 次、4 次、6 次，4 应该是 8 次，第二个乘数的 1、2、3、4 是 1 次、3 次、5 次、7 次。"

爸爸很惊讶地看着我说："哟，这么快就找到规律了！那你算算 18 个小格子的最小周长。"

这不难，我很快就算出 18 个小格子的最集中图形的排列表达式里乘法算式的第一个乘数是 4，第二个乘数是 5，所以最小周长是 (4+5)×2=18 个边长，而 4×5=20，所以排列表达式里还需要减去 2，就是 4×5-2。

爸爸夸了夸我，要我再算一算 88 个小格子的最小周长。

这次我花了一点儿时间才算出第一个乘数是 9，第二个乘数是 10，所以最小周长是 (9+10)×2=38 个边长，而 9×10=90，所以排列表达式里还需要减去 2，就是 9×10-2。

爸爸又夸了夸我，要我再算一算 8888 个小格子的最小周长。

我说："爸爸，这个规律不好用啊。"

爸爸笑笑说："是啊，所以我们还要再找找，看看有没有更好用的规律。但是你刚才找到了一种规律，爸爸已经很开心了！你正在一点一点地进步。"

这回，我认认真真思考了 1 个小时也没有新的发现。爸爸说："别急，我们先捋一捋，看看你对这个问题已经了解哪些了。你看，你算最小周长的时候已经知道最小周长只与排列表达式里乘法算式的两个乘数有关，而与有没有减法无关，所以我们不妨先圈出那些没有减法的表达式，或者直接按顺序写出来，看看有没有什么发现。"

我写出来，发现它们表示的是正方形 (1×1、2×2、3×3、4×4) 和长与宽只相差 1 的长方形 (1×2、2×3、3×4)。

爸爸教我再去看我列的表格，这次，我果然又有了发现：把那些表示正方形和表示长与宽只相差 1 的长方形的乘法算式按乘积由小到大的顺序从上到下写成一列，如果小方格的个数等于其中某个乘法算式的乘积，那么这些小方格组成的最集中图形就是那个乘法算式所表示的图形，最小周长就是那个乘法算式中两个乘数的和的 2 倍。如果小方格的个数不等于任何一个乘法算式的乘积，那就看哪个乘法算式的乘积是从上往下数第一个比小方格的个数大的。大多少，那么这些小方格组成的最集中图形就是从那个乘法算式所表示的图形的一条边上依次减去多少个小格子后剩下的图形，最小周长就是那个乘法算式中两个乘数的和的 2 倍。

爸爸要我按这个规律再算一算 88 个小格子的最小周长。

我一下子就想到 $9 \times 9 = 81$ 比 88 小，$9 \times 10 = 90$ 比 88 大，所以最小周长就是 $(9+10) \times 2 = 38$ 个边长。果然简单多了！

至于 8888 个小格子，爸爸拿来计算器帮我算出了 $94 \times 94 = 8836$，$94 \times 95 = 8930$，然后我就知道了 8888 个小格子组成的图形的最小周长就是 $(94+95) \times 2 = 378$ 个边长。

而且我还知道 8888 个小格子组成的最集中图形是 94×95 的长方形，然后有一条边上缺 $8930 - 8888 = 42$ 个小格子。

但它是在长边上缺还是在短边上缺呢？爸爸说过会儿再解决。然后爸爸要我用 21 个小格子的题目来检验一下我们发现的规律。

好吧，我先想到 $4 \times 5 = 20$，$5 \times 5 = 25$，根据我们发现的规律算出最小周长是 $(5+5) \times 2 = 20$ 个边长。然后，我就开始一个一个地画出 21 个小格子组成的所有集中的图形(图 22，这里只画了 3 行及以上的)，再一个一个算出它们的周长，果然跟我们用规律算出来的一样，看来我们发现的规律是正确的！

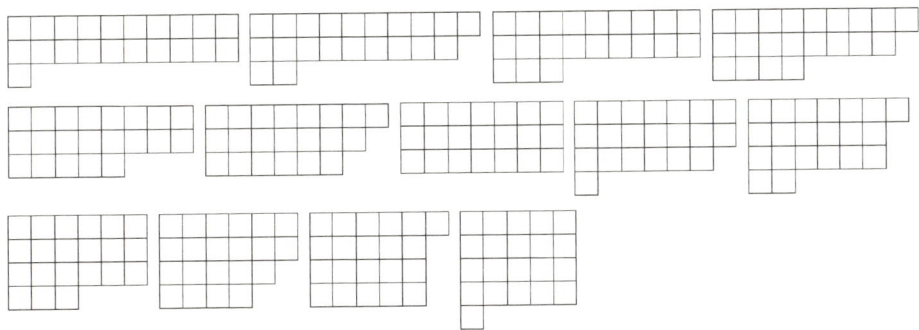

图 22

我想，现在该解决前面的两个问题了吧？可是爸爸说："乐乐，现在我们来做个游戏。"

爸爸把由 1 至 16 个小格子组成的 17 个最集中图形打印在白纸上，让我先把这些图形都剪下来，然后在每个图形的小格子里都写上这个图形里的小格子总数，比如由 12 个小格子组成的图形里的 12 个小格子里都写上 12。然后爸爸说："乐乐，现在你看看，每个图形和比它多一个小格子的图形有没有什么关系？"

我把 15 个小格子的图形和 16 个小格子的图形拿到一起看了看，哇，15 能装进 16 里！嗯，14 也能装进 15 里，13 也能装进 14 里……1 能装进 2 里。好吧，虽然两个 10 都能装进 11 里，但却有一个 10 不能把 9 装进去。我知道了，这个 10 应该被扔掉。

爸爸说："看来，你自己解决了 10 的问题。那么接下来，你就把每张纸片都装进比它多一个格子的纸片里吧。"

这不难，我很快就把 16 张纸片叠在了一起(图 23)。

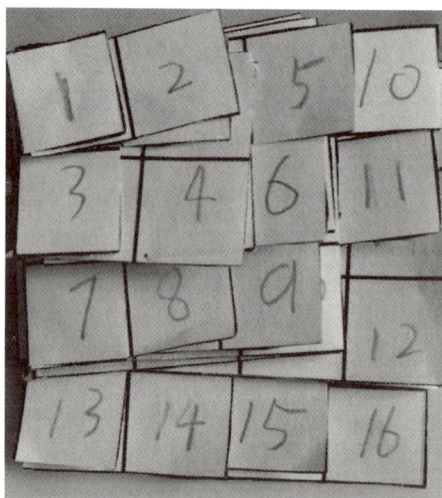

图 23

这时，爸爸对我说："翻转和旋转一样，都不会把最集中图形弄散的，所以你有时候也可以翻转和旋转一下这些纸片。那就试试看能不能让 1~16 的数字更连贯吧。"

我试了很多遍，发现只需要把 3、7、8、13、14、15 翻转过来，就能得到更连贯的图形(图 24)。

图 24

但是爸爸仍然说:"能继续吗?试试看能不能把所有的数字都连贯起来。"

好吧,这也不是难事,我没过多久就把 1~16 都连在一起了(图 25)。好奇妙啊!小朋友,你也来试试吧!

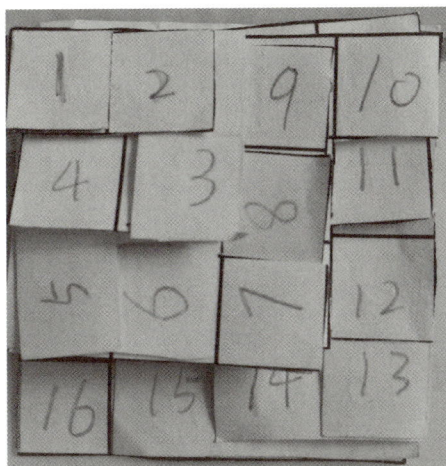

图 25

可是说实话,全都连到一块儿之后绕来绕去的,我还是更喜欢图 24。"好吧,就按照图 24 来。"爸爸说,"你去拿 16 个一样的方块积木来,按照数字的顺序一块儿一块儿地添加积木。"

真好玩！我玩得开心极了！积木在一块儿一块儿增加，我看到了图形在一点儿一点儿增长，而且不管在什么时候停下来，它都是最集中图形！

爸爸告诉我，这叫动态图，然后他说："图 23 和图 25 你也可以拼一拼，不过可别光顾着玩，咱们还有一个问题没解决呢。"

于是我一边一遍一遍玩着动态图，一边仔细观察、思考。突然，我发现不管图 23、图 24 还是图 25，我总是先拼出一个正方形，然后给它加上一条边形成长方形。所以当一个长方形没拼起来的时候，缺的积木总是在短的边上！所以，8888 个小方格拼成最集中图形时，应该是先用 94×94＝8836 个小方格拼成正方形，然后再把剩下的 8888－8836＝52 个小方格贴在一条边上，这样，还差 94－52＝42 个小方格才能拼成 94×95 的长方形，所以缺的 42 个小方格就缺在长方形的短边上。

爸爸说我想得很对，然后叫我再去看看最初列出来的 10 个小格子的两个最集中图形。

哇，原来那个被我们扔掉的图形里所缺的两个小格子是缺在了长方形的长边上，而我们保留下来的图形里所缺的两个小格子果然是缺在了长方形的短边上！这么看来，我们研究过程中遇到的两个问题其实是一个问题呢。多么奇妙啊！

9
形状的来历

爸爸看见我数学书上第 94 页第 2 题是用 4 个小正方格连成图形，我画了 3 个(图 1)。爸爸问我："你确定画完了吗?"我摇了摇头说："不确定。"爸爸说："那我们来用一种科学的方法解这道题吧。"

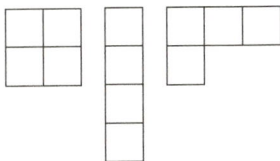

图 1

爸爸说，先找两个小格子连成的图形。他拿起笔，先画了一个小正方格子，又在格子四周标了一些序号(图 2)。然后爸爸说："标序号的地方就是可以画第二个小格子的地方。从图上看，有 4 种画法。但是序号①、②、③、④都对称，画出来是一样的，所以只能算一种。"说完，爸爸在序号①的位置画了一个小格子，说这就是两个小正方格子连成的唯一的图形。

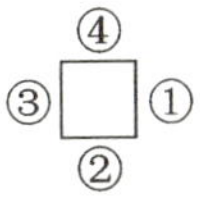

图 2

接着，爸爸又说：“刚才爸爸是从 1 个小格子出发，找两个小格子连成的图形。现在爸爸要从两个小格子的图形出发，找 3 个小格子连成的图形。”然后，爸爸就重新画了一个两个格子的图形，并在四周标上了序号(图 3)。

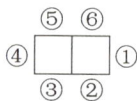

图 3

爸爸说：“从图上看，3 个格子连成的图形有 6 种，但是这里面还有一些对称的呢。”

我仔细看了看说：“序号①跟④对称，所以只能算 1 种；序号②、③、⑤、⑥也对称，也只算 1 种。加起来总共有 2 种。”

爸爸就让我把 2 种图形都画了出来(图 4)。

图 4

爸爸问我：“这种方法你明白了吗?”我说：“明白了。”

爸爸说：“那我们回到题目。从 3 个格子连成的图形出发，去寻找 4 个格子连成的图形，就交给你来做吧。”

我先给 3 个格子连成的图形标上了序号(图 5)。

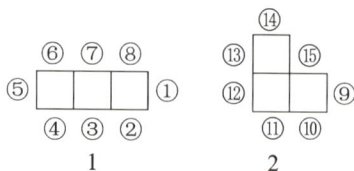

图 5

从第 1 幅图来看，觉得有 8 种。但仔细地看一下就会发现，序号①和⑤是对称的，所以只有 1 种；序号②、④、⑥、⑧是对称的，所以也只有 1 种；序号③和⑦是对称的，所以还是只有 1 种。它们加起来一共有 3 种。

从第 2 幅图来看，觉得有 7 种。但序号⑨和⑭是对称的，所以只有 1 种；序号⑩和⑬是对称的，也只有 1 种；序号⑪和⑫是对称的，也只有 1 种；加上序号⑮的 1 种，一共有 4 种。再跟第 1 幅图的 3 种加起来，两幅图一共有 7 种。

我跟爸爸说："一共有 7 种。"爸爸问："你确定吗?"我说："确定。"

爸爸说："那你把这 7 个图形都画下来吧。"于是我就画了下面这些图形(图 6)。

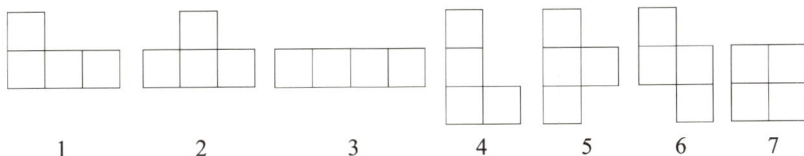

图 6

爸爸说："你找找看有没有重复的。"

我找了一下说："第 1 幅图和第 4 幅图一样，第 1 幅图逆时针旋转 90°再向右翻转一下就成了第 4 幅图；第 2 幅图和第 5 幅图一样，第 2 幅图顺时针旋转 90°就变成了第 5 幅图。"

爸爸问："你是怎么看出来的?"

我说："就用我美丽的大眼睛呀!"

爸爸说："好吧，我来教你一种科学的方法来检查这些图形。"说完，爸爸指着第 1 幅图，然后从第 2 幅图开始，看后面所有图形里有没有跟第 1 幅图一样的，发现第 4 幅图一样，他就拿笔划掉了第 4 幅图；爸爸又指着第 2 幅图，然后从第 3 幅图开始，再看后面没划掉的所有的图里有没有跟第 2 幅图一样的……就这样一直往后对比，发现一个也没漏。

爸爸确定我搞明白了，就问我："你要试一下 5 个格子连成的图形吗?"

我说："我试一下吧!"于是我把 4 个格子连成的图形画了下来，并标上了序号(图 7)。

从图上看，总共有 43 种，但我们要看有没有对称的。

第 1 幅图，没有对称的，算 9 种。

第 2 幅图，序号⑩和⑭对称，只算 1 种；序号⑪和⑬对称，只算 1 种；序号⑮和⑰对称，只算 1 种；再加上序号⑫、序号⑯，一共有 5 种。

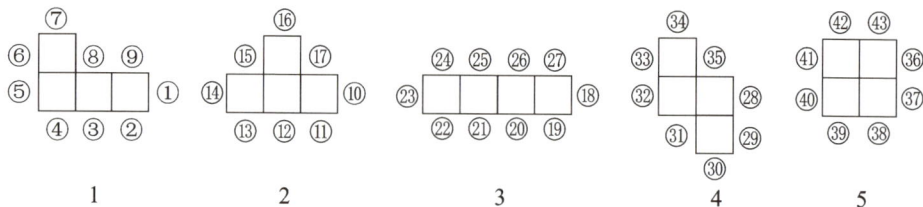

图 7

第 3 幅图，序号⑱和㉓对称，只算 1 种；序号⑲、㉒、㉔、㉗对称，只算 1 种；序号⑳、㉑、㉕、㉖对称，只算 1 种。一共有 3 种。

第 4 幅图，序号㉘和㉜对称，只算 1 种；序号㉙和㉝对称，只算 1 种；序号㉚和㉞对称，只算 1 种；序号㉛和㉟对称，只算 1 种。一共有 4 种。

第 5 幅图，都是对称的，只能算 1 种。

9+5+3+4+1＝22 种。

解决了对称问题，还要解决重复问题。于是我把 22 种图形都画在了下面（图 8）。

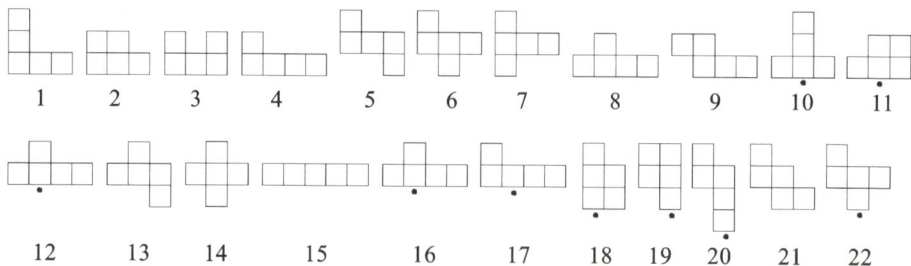

图 8

我先看了第 1 幅图，没找到和它一样的。

再看第 2 幅图，发现它左右翻转一下就和第 11 幅图一样了（我就在第 11 幅图下面标了一个黑点，后面也是这样做的）；它逆时针旋转 90°，再左右翻转一下就成了第 18 幅图；它顺时针旋转 90°，再左右翻转一下就成了第 19 幅图。

第 3 幅图，没有和它一样的。

第 4 幅图和第 17 幅图一模一样。

第 5 幅图，没有和它一样的。

第 6 幅图和第 22 幅图一样。

第 7 幅图逆时针旋转 90°就成了第 10 幅图。

第 8 幅图和第 12、第 16 幅图一样。

第 9 幅图顺时针旋转 90°，再左右翻转一下就成了第 20 幅图。

第 10、第 11、第 12 幅图说过了。

第 13 幅图顺时针旋转 180°就成了第 22 幅图。

第 14、第 15 幅图，没有和它们一样的。

第 16、第 17、第 18、第 19、第 20 幅图说过了。

第 21 幅图，没有和它一样的。

第 22 幅图说过了。

我数了一下，一共有 13 个图形。

我高兴地跟爸爸说："科学的方法可以让这个题目做起来简便，有更完整的答案！"

爸爸笑了笑说："那你看看第 6 幅图和第 13 幅图。"

我看了一下说："咦？第 6 幅图顺时针旋转 180°就变成了第 13 幅图！"

爸爸说："是啊。科学的方法只能在你认真的基础上保证你不出错，但它不能保证你认真啊！"

我不好意思地低下了头。

10

相等的分数

爸爸翻到教材第 100 页，指着"做一做"第 1 题的第二幅图（图 1），问我："你的 $\frac{1}{2}$ 是怎么来的?"

1. 用分数表示下面各图的涂色部分。

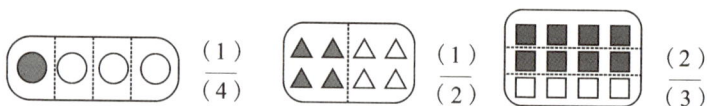

图 1

我一看，原来是要用分数表示图中的涂色部分。我说："虚线把 8 个三角形分成了 4 个涂色的和 4 个没涂色的，涂色的占一半。"

爸爸又问："只有这一种填法吗?"

我说："把虚线抹掉，把 2 个三角形当 1 份，总共就有 4 份。涂色部分占 2 份，所以可以填 $\frac{2}{4}$。"

爸爸又问："那，还能填什么吗?"

我说："还可以把一个三角形当 1 份，总共就有 8 份。涂色部分占 4 份，所以还可以写 $\frac{4}{8}$。"

爸爸说："很好。那你能看出 $\frac{1}{2}$、$\frac{2}{4}$、$\frac{4}{8}$ 有什么关系吗?"

我想了想说："它们表示的都是涂色的 4 个三角形占 8 个三角形的多少,所以它们都相等。"

爸爸说："很好,既然它们都相等,那你知道 $\frac{1}{2}$ 是怎样变成 $\frac{2}{4}$,又怎样变成 $\frac{4}{8}$ 的吗?"

我想了想说："这还真不知道呢。"

爸爸说："我们仔细看,$\frac{1}{2}$ 就是把 4 个三角形当 1 份,那么所有三角形就是 2 份,分母就是 2;涂色部分占 1 份,分子就是 1。现在,我们来细分一下,把 2 个三角形当 1 份,那么所有三角形一共有几份?"

我马上说："4 份。"

爸爸说："对。原来的每 1 份都变成了现在的 2 份,所有的三角形原来是 2 份,现在就要乘 2 变成 4 份。"

爸爸又问："现在涂色部分是几份?"

我说："原来的每 1 份都变成了现在的 2 份,涂色部分原来是 1 份,现在也要乘 2,就变成了 2 份。哦,我知道了,所以现在分数就成了 $\frac{2}{4}$。"

爸爸又问："现在,我们再细分一下,把 1 个三角形当 1 份,所有三角形一共有几份?"

我想了想说："原来的每 1 份都变成了现在的 4 份,所有的三角形原来是 2 份,现在就要乘 4 变成 8 份。"

爸爸又问："涂色部分是几份?"

我说："原来的每 1 份都变成现在的 4 份,涂色部分原来是 1 份,现在也要乘 4,就变成了 4 份,分数就成了 $\frac{4}{8}$。"

爸爸说："看样子你都搞明白了。那现在你试一试,拿半个三角形当 1 份,$\frac{1}{2}$ 又应该写成多少呢?"

我想,半个三角形当 1 份,那原来 4 个三角形 1 份的就得变成现在的 8 份。那么所有三角形原来是 2 份,现在就要乘 8 得 16 份;涂色部分应该是 1 乘 8 得

8 份。所以这个分数就是 $\frac{8}{16}$。

爸爸又让我试一下拿 1 个三角形的 $\frac{1}{3}$ 当 1 份，看 $\frac{1}{2}$ 又该写成多少。我想，$\frac{1}{3}$ 个三角形当 1 份，1 个三角形就是 3 份，那原来 4 个三角形 1 份的就得变成现在的 12 份。那么所有三角形原来是 2 份，现在就要乘 12 得 24 份；涂色部分应该是 1 乘 12 得 12 份。所以这个分数就是 $\frac{12}{24}$。

爸爸说："刚才我们将 $\frac{1}{2}$ 的分子分母都乘 2、乘 4、乘 8、乘 12，这都是能画图数出来的，新的分数都和 $\frac{1}{2}$ 一样大。还有些不能画图数出来的，比如乘 5、乘 7，新的分数也会和 $\frac{1}{2}$ 一样大吗？"

我算了算，乘 5 是 $\frac{5}{10}$，跟 $\frac{1}{2}$ 一样占一半；乘 7 是 $\frac{7}{14}$，也跟 $\frac{1}{2}$ 一样占一半。于是我得出一个结论：$\frac{1}{2}$ 的分子分母同时乘以不为零的任何数，得到的新的分数都和 $\frac{1}{2}$ 一样大。

爸爸说："很好。$\frac{1}{2}$ 是这样的，那别的分数是不是也是这样的呢？我们不妨看一下书上的第三幅图。"

我打开书，看到第三幅图，原来是 12 个正方格，其中 8 个涂上了颜色，有 2 条虚线把这些格子 4 个 4 个地隔开着，我写的分数是 $\frac{2}{3}$。现在重新想想，我还可以把 2 个格子当 1 份，总共有 6 份，涂色部分占 4 份，可以写成 $\frac{4}{6}$；也可以把 1 个格子当 1 份，总共有 12 份，涂色部分占 8 份，可以写成 $\frac{8}{12}$。而 $\frac{4}{6}$ 刚好可以用 $\frac{2}{3}$ 的分子、分母同乘以 2 得到；$\frac{8}{12}$ 刚好可以用 $\frac{2}{3}$ 的分子、分母同乘以 4 得到。所以 $\frac{2}{3}$ 和 $\frac{1}{2}$ 一样，分子、分母同乘以不为零的任何数，得到的新的分数都和原来的分数一样大。我想，其他的分数应该也是这样吧！小朋友，你觉得呢？

爸爸说："好，现在我们来挑战一道高难度的题目。翻到教材第93页，看第1题(图2)。你写了 $\frac{5}{8}$ 大于 $\frac{3}{8}$，也写了 $\frac{2}{7}$ 小于 $\frac{4}{7}$，但是 $\frac{5}{8}$ 和 $\frac{4}{7}$ 哪个大呢？"

1. 写出涂色部分所表示的分数，再比较每组分数的大小。

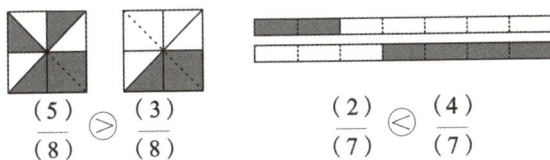

$$\frac{(5)}{(8)} \; \textgreater \; \frac{(3)}{(8)} \qquad\qquad \frac{(2)}{(7)} \; \textless \; \frac{(4)}{(7)}$$

图 2

我想了想，觉得 $\frac{5}{8}$ 大，因为5比4大，8比7大嘛。可是爸爸说："那如果是 $\frac{5}{800}$ 呢？照你说的，5比4大，800比7大，那不就是 $\frac{5}{800}$ 大？可是，800份里才占5份，那是小得不能再小了呀！"我哈哈哈地笑了起来。

我又想了好半天，还是不知道怎么做，可我就觉得 $\frac{5}{8}$ 大。这时，爸爸说："做研究不能光凭直觉，还是要找找相关的规律，根据规律来。那么，关于分数的大小比较，你知道有哪些规律呢？"我马上就说了下面两条：

(1)分子相同时，分母越小，分数就越大。

(2)分母相同时，分子越大，分数就越大。

爸爸说："虽然 $\frac{5}{8}$ 和 $\frac{4}{7}$ 既不是分子相同，也不是分母相同，但是我们今天刚刚研究出了一个规律：分子分母同乘以一个不为零的数，分数的大小不变。那么你可以用这条规律把 $\frac{5}{8}$ 变成一个跟它相等的新分数，把 $\frac{4}{7}$ 也变成一个跟它相等的新分数，而且还让这两个新的分数分子相等或者分母相等。试试吧！"

我想了十几分钟，说："是$\frac{35}{56}$和$\frac{32}{56}$。"

爸爸说："从这两个分数可以看出，$\frac{5}{8}$大于$\frac{4}{7}$。但这是两个分母相同的分数，你有没有想过分子相同的呢？"

我又想了想，说："那就是$\frac{20}{32}$和$\frac{20}{35}$。"

爸爸说："很好！从这里也能看出$\frac{5}{8}$大于$\frac{4}{7}$。今天就到这里吧。"

11
淘汰赛

爸爸指着教材第 105 页的思考题问我怎么做的。我看了看题，题目为：学校举行乒乓球比赛，A 组、B 组两个小组各有 16 人，每组两人一对进行比赛，负者被淘汰，胜者进入下一轮，最后两组第一名进行决赛。一共要进行多少场比赛？

我又看了看我写在书上的算式，然后跟爸爸说："两人一对进行比赛，所以要用 16 除以 2 得到 8 场。有两个小组，所以用 2 乘以 8 得到 16 场。因为两个小组的第一名还要比赛一次，所以用 16 加 1 得到 17 场。"

爸爸说："A 组也好，B 组也好，16 个人只进行了一轮比赛就比出第一名了？"

我想了想，知道自己做错了。我说："不是。16 个人比了一轮有 8 个赢家。这 8 个人再比一轮，需要 8 除以 2 等于 4 场，会有 4 个赢家。这 4 个人再比一轮，需要 4 除以 2 等于 2 场，还会有 2 个赢家。这 2 个人再比一场得到小组的第一名。一个小组要赛 8+4+2+1 等于 15 场，有两个小组，所以要用 15 乘以 2 得到 30 场。最后，两个小组的第一名再赛一场，30+1 等于 31 场。"

"你做得很好。"爸爸说，"但没必要这么一次一次地算。我们可以用一种科学的方法。"说着，爸爸就画了下面这幅图(图 1)。

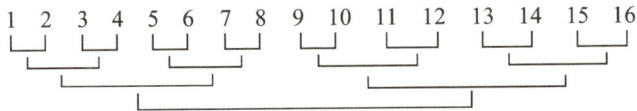

图 1

爸爸说:"上面每一个框框都表示一场比赛。"

我数了数,真的有15个框框。有两个小组就用15乘以2是30场,加上两个第一名比一场就是31场。真的很清楚!

爸爸说:"你用这种方法算一下从2个人比赛到10个人比赛各需要多少场,熟悉一下这种方法。再把比赛的结果列成表格看看有什么规律。"

于是我就画了下面的图(图2)。

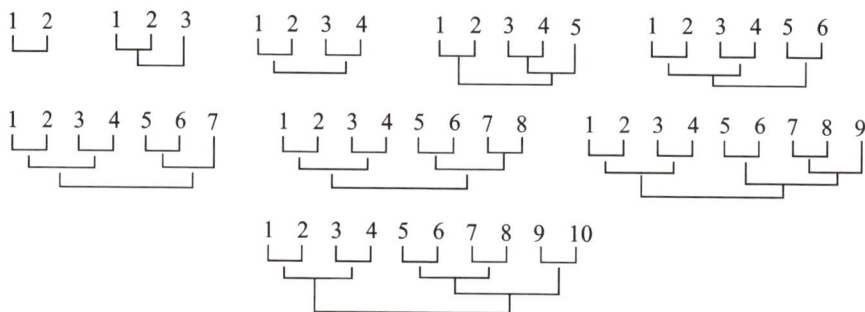

图2

我数了数每幅图里比赛的场数,列了下面的表格(表1)。

表1

人数/人	场数/场
2	1
3	2
4	3
5	4
6	5
7	6
8	7
9	8
10	9

我跟爸爸说："我发现比赛场数总比比赛人数少1。"

爸爸说："很好。但你找的规律心里踏实吗？"

我说："我觉得挺踏实的啊！"

爸爸说："好吧。那如果知道这个规律是为什么，心里是不是会更踏实啊？"

我想了想说："也对啊。"

爸爸说："那你就找一下为什么吧。"

我想了一会儿说："把他们分成一个人有一场比赛，而最后那个人是冠军，所以分不到一场比赛，那比赛场数就比人数要少1。"

爸爸问："既然冠军一场比赛也没分到，那冠军和其他人有什么区别呢？"

我说："除了冠军，其他人都输了。"

爸爸又问："每个人输了几场啊？"

我说："除了冠军，每个人都输了一场，而且一场比赛也只能有一个人输。"

爸爸说："那你知道你刚才说的规律是怎么回事了吗？"

我说："知道了。不管有多少人，除了冠军，每个人都要输一场，而一场比赛又只能有一个人输，那么总比赛场数其实就是看有多少人输，也就是总人数减去冠军。"

爸爸最后对我说："对。其实题目中说了'淘汰'这个词，你要是一开始能重视这个关键词，从输家的角度而不是赢家的角度去思考，早就可以想明白了。所以我们要注意找一找不同的角度，从不同的角度去思考。"

12

空空

爸爸指着教材第 106 页第 3 题第 1 问，问我写的前两个式子是怎么回事。我一看，原来是求大于 50 小于 70 的数有多少。我写的算式是 $69-51=18$，$18+1=19$。

3. 在圈中填上合适的数。

(1) 两个圈里都有的数有多少个？请你用画图的方法表示出来。

(2) 你能提出其他数学问题并解答吗？

大于50小于70

大于60小于80

我说："第一个式子：大于 50，就是 $50+1=51$；小于 70，就是 $70-1=69$。求它们中间的数就用 $69-51=18$。"

爸爸问："那第二个式子呢？"

我说："这个还有点不清楚。"

爸爸问："你这两个式子是正确的，难道不是你自己写的吗？"

我说："抄老师黑板上的。"

爸爸问："你上课没有问老师吗？"

我说："没有。"

"那你下课也没问老师或者同学？"

"没有。"

爸爸说："上课不问，下课不问，回家也不问，你这是三不问啊！你们刚开学，语文课上就学了《不懂就要问》这篇文章，爸爸接送你的路上也经常要你背这篇课文，怎么到现在都还没落实呢？那你现在想想是为什么。"

我想了好半天也没想出来。爸爸要我给他拿了一把尺子，他在纸上画了一条从 3 厘米到 12 厘米的线段，而且每隔 1 厘米还画上一个刻度线。

爸爸问："这条线段有多长？"我用 12 减去 3 得到 9 厘米。

爸爸说："那你数一下有多少个空空，多少个刻度线。看看 12 减 3 求的是什么。"

我数了数说："空空有 9 个，刻度线有 10 个，所以 12 减 3 求的是空空数。刻度线比空空多 1 个。"

爸爸又让我在纸上写从 51 到 69 的数字，然后数出空空和数字各有多少。我写好后数了数说："空空有 18 个，数有 19 个。"

爸爸说："你现在知道老师在黑板上写的算式的意思了吧？"

我说："知道了。69−51＝18 是 18 个空空；18＋1＝19 是因为数总比空空多一个，所以 18 个空空加 1 等于 19 个数。我想起来了，上次我们做了一道题：在一条长 18 米的公路上种树，每隔 3 米种 1 棵，一共要种多少棵树？我用 18 除以 3 等于 6，有 6 个空空。再用 6 加 1 等于 7 棵树。"

爸爸说："很好！你都能想到类似的题目了。在生活中我们要多发现一些表面上不一样但道理、方法一样的题目。现在我们来做一道扩展题：在一个四四方方的池塘四周种树。池塘边长 50 米，每隔 2 米种 1 棵，一共要种多少棵树？"

我想了想说："用 4 乘以 50 得到周长 200 米，用 200 除以 2 得到 100 个空空，再用 100 个空空加 1 得到 101 棵树。一共要种 101 棵树。"

爸爸说："我把池塘边长缩小为 10 米，你再用刚才的方法算一下，然后画个图数一下。"

我先用刚才的方法算：用 4 乘以 10 得到周长 40 米，用 40 除以 2 得到 20 个空空，再用 20 个空空加 1 得到 21 棵树。然后我又画了一幅图，数了一下，居然只有 20 棵树！

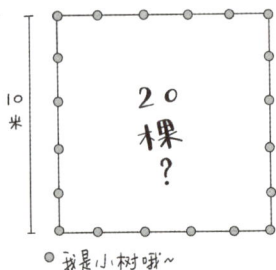

○ 我是小树哦~

爸爸问："你更相信哪个答案？"

我说："自己数出来的 20 棵。"

爸爸说："既然你相信数的，那就说明算的是错的。可是它错在哪儿了呢？"

我想了好半天，还是没想出来，爸爸就让我把前面画的从刻度 3 到刻度 12 的线段围成一个圈。我发现，要围一个圈，就得让两端的 3 和 12 重合，刻度线就减少一个，跟空空一样是 9 个了。

爸爸说："你现在知道刚才错在哪儿了吗？"

我摇了摇头。

爸爸叹了口气问："这个池塘边长是 10 米，周长是多少？"

我说："40 米。"

爸爸说："40 米的池塘种 20 棵树。那如果是 40 米的直路，要种多少棵树？"

我简单地算了算说："要种 21 棵。"

爸爸问："那你现在明白了吗？"

我想了想说："明白了。直路变成圈的时候，原本直路两端的两棵树就变成了一棵，树就跟空空一样多了。圈圈路变成直线的时候，原本圈上的某一棵树就会变成直路两端的两棵树，树就比空空多一个。一开始，我把一个边长为 50 米的正方形池塘用直路的方法去算，算出了 101 棵树，现在想想，应该是 100 棵。"

爸爸说："非常好！科学的方法能帮我们简便而正确地算出答案，但每一种科学的方法都有自己适合的场合。把直路的方法用在圈上，圈的方法用在直路上，那再科学的方法也都不科学了。"

13

分数帮我估算

爸爸翻到教材第 112 页第 7 题，让我估算一下。

7. 先估算，连一连，再计算。

| 1700×3 | 192×3 | 302×8 | 42×6 |

| 252 | 576 | 5100 | 2416 |

我一看，第一题是 1700×3，我说："1700 可以直接算，等于 5100。"

第二题是 192×3，我说："把 192 估成 190，等于 570。"

第三题是 302×8，我说："把 302 估成 300，等于 2400。"

第四题是 42×6，我说："把 42 估成 40，等于 240。"

爸爸问："为什么不把 192 估成 200 呢？"

我说："估成 200 要加 8，估成 190 要减 2，加 8 加太多了。"

爸爸想了想又问："49×6 怎么估算？"

我说："把 49 估成 50，50×6 等于 300。"

爸爸又问："那 808×2 你怎么估算？"

我说："把 808 估成 810，810×2 等于 1620。"

爸爸问："把 808 估成 800 是不是觉得减太多了？"

我说："是觉得有点儿多。"

爸爸说："那你看一下，1 在 50 里面占几分之几？再看一下，8 在 800 里面占几分之几？比较一下，谁占得多？"

我想了一下说："1 在 50 里面占 $\frac{1}{50}$，8 在 800 里面占 $\frac{1}{100}$，$\frac{1}{50}$ 占得多。"

爸爸说："你看，1 在 50 里面占得比 8 在 800 里面占得还多。你开始毫不犹豫地把 49 加上了个 1，却犹犹豫豫地没把那个 8 减掉，还说减太多了，你这不是搞笑嘛！现在明白了吗？"

我说："明白了。估算不能光看加减的数本身的大小，要看它占多少。"

爸爸说："对！那我们回到原题。192 估成 200 要加上 8，42 估成 40 要减去 2。你看看 8 在 200 里面和 2 在 40 里面哪个占得多。"

我算了算说："8 在 200 里面占 $\frac{1}{25}$，2 在 40 里面占 $\frac{1}{20}$，2 在 40 里面占得多。"

爸爸说："估算其实没有明确的标准。人们常说'八九不离十'，我们就用它来做标准吧，就当 8 和 9 都能估成 10。"

爸爸接着说："我们先看'九不离十'，把 9 估成 10，偏差占 10 的几分之几？"

我说："9 偏差 1，所以占 10 的 $\frac{1}{10}$。"

爸爸又问："那'八不离十'呢？"

我说："8 偏差 2，所以占 10 的 $\frac{2}{10}$。"

爸爸说："那你按'九不离十'，偏差 $\frac{1}{10}$ 来算一下，可以估成 200 的数是多少到多少？"

我算了算说："是 180 到 220。因为 200 平均分成 10 份，每份是 20。200 减 20 是 180，200 加 20 是 220。"

爸爸又说："你再按'八不离十'，偏差 $\frac{2}{10}$ 来算一下，可以估成 200 的数是多少到多少？"

我说："是 160 到 240。因为每份是 20，有 2 份就加减 40。"

爸爸问："你明白这个方法了吗？"

　　我说明白了，爸爸就说："那你现在用这种方法，按$\frac{1}{10}$和$\frac{2}{10}$的偏差来算一下，可以估成 800 的数是多少到多少吧。"

　　我在纸上一算，惊讶地张大了嘴巴。我对爸爸说："这估得也太狠了吧！按 9 的偏差$\frac{1}{10}$算，720 到 880 都可以估成 800；按 8 的偏差$\frac{2}{10}$算，640 到 960 都可以估成 800！"

　　爸爸笑着说："这是比较夸张的估算，我就是想告诉你，以后估算要大胆一点，不要犹犹豫豫、小里小气。那 808 你现在估成多少？"

　　我说："当然是 800 啦。"

　　爸爸笑了笑说："也可以估 900，还可以估 1000 呢。"

　　"不可能！"我叫了起来。

　　爸爸说："那你按'八九不离十'算一下嘛。"

　　我算了算说："'九不离十'是偏差 100，是 900 到 1100；'八不离十'是偏差 200，是 800 到 1200。真的可以把 808 估成 1000 啊！"

　　爸爸问："你现在能大胆了吗？"

　　我点了点头说："可以！"

　　爸爸说："那我们回到原题，1700×3 你现在怎么估算？"

　　我说："我把 1700 估成 2000，2000×3 是 6000。"

　　爸爸说："很好！看来你是真的大胆了。"

　　分数居然可以用来做估算，真奇妙！以后我做估算再也不会"小心眼"儿了。

14
等式的化简

爸爸让我讲教材第 114 页下面的思考题：

商店货架上摆放着大瓶、中瓶、小瓶三种洗发液（图 1）。只知道小瓶里装 200 克，每层装的洗发液同样重。大瓶、中瓶里各装多少克洗发液？

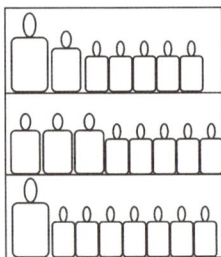

图 1

我看着图，数了数每层摆放的大、中、小瓶的个数，想了想说："先看最上层和最下层。最上层和最下层都只有 1 瓶大的，它们重量一样。最上层另有 5 瓶小的，那就从最下层的 7 个小瓶中取出 5 瓶，保证它们重量一样。那最上层剩下的 1 瓶中瓶就等于最下层剩下的 2 瓶小瓶。"

"停！停！停！"爸爸说，"为什么剩下的就得相等？"

我想了好半天，说："因为每一层架子上的洗发液都相等。现在有一部分是一样的，要想让每层架子上的洗发液都相等，就要让另一部分相等。"

爸爸问:"那你这个道理有什么依据吗?"

我说:"没有什么依据,但就是觉得这个道理对。"

爸爸说:"那我们就来探究一下为什么吧!"

爸爸接着说:"还记得你们以前书上出的天平题吗? 我们今天就用天平来寻找规律。首先把最上层和最下层的洗发液放在天平两边(图2),天平平不平衡?"

我说:"平衡。"

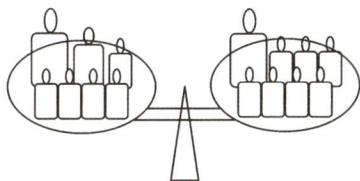

图 2

爸爸又问:"从天平两边同时取走相同的洗发液,天平还平不平衡?"

我说:"还平衡。"

"好。"爸爸说,"那你仔细地把天平两边相同的东西都取走,然后再画一幅图。"

于是我又画了一幅图(图3)。

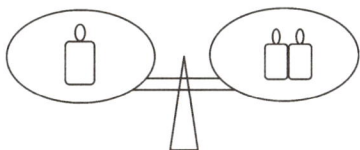

图 3

爸爸问:"这两个天平你能列两个等式吗?"

我就列了下面两个等式:

$$1 \text{大} + 1 \text{中} + 5 \text{小} = 1 \text{大} + 7 \text{小}$$

$$1 \text{中} = 2 \text{小}$$

爸爸又问:"这两个等式有什么关系呢?"

我想了想说:"第一个等式两边同时减去 1 大 5 小就等于第二个等式。"

爸爸说："很好。那我换个说法：从第一个等式看，等式两边同时减去同一个东西，等式还成立；从第二个等式看，等式两边同时加上同一个东西，等式还成立。"

我说："也对啊！"

爸爸说："还有，你把这两个等式再写一遍，但是这次要把题目中给的数据用上。"

于是我就写了以下两个等式：

$$1 大 + 1 中 + 1000 克 = 1 大 + 1400 克$$

$$1 中 = 400 克$$

爸爸说："按照上面的规律，你把第二个等式两边同时加上一个大瓶，写一个新的等式。"

于是我就列了第三个等式：

$$1 大 + 1 中 = 1 大 + 400 克$$

爸爸说："那你仔细看，第一个等式和第三个等式有什么关系？"

我看了一下说："第一个等式两边同时减去 1000 克就等于第三个等式。"

爸爸问："那加减 800 克行吗？加减 600 克行吗？加减 860 克行吗？"

我想了想说："行！加减 800 克就是加减 4 瓶小洗发液。加减 600 克就是加减 3 瓶小洗发液。加减 860 克，一开始 800 克行，600 克也行，缩一下变成 60 克，所以 860 也行。"

爸爸问："是不是加减任何一个数都行？"

我说："都行！"

爸爸说："这就算一个规律啊：等式两边同时加减任何一个数，等式仍然成立。"

15
九宫格

爸爸问我："你会填九宫格吗？"

我说："会啊，就是在三行三列 9 个格子上填 1~9，让每行每列一撇一捺上面的数加起来都相等。"

爸爸说："那你现在填一下吧。"

我提笔画了个九宫格，在中间填上了 5。爸爸"咦"了一声。

我又在 5 的正上面写了 9，正下面写了 1，爸爸赶紧说："等等！等等！"

爸爸问："你为什么要在中间填 5？"

我说："因为 1、9，2、8，3、7，4、6，合起来都是 10，只剩下一个 5，所以中间就填 5。"

爸爸又问："那为什么又把 9 和 1 填在竖线上呢？为什么不填在斜线上呢？"

我说："也可以啊！"

爸爸说："那你就试试吧。"

我试了好半天，可是这样就不能把九宫格填满。这道题二年级我就会做了，难道现在我变笨了？还是九宫格变聪明了？我十分郁闷。

爸爸说："你看，二年级的老师都教了你，但是到三年级你就不会了。看来，老师教的时候你都没听懂。没听懂的知识就不是你的。我们现在来研究九宫格吧。"

我说："好的！"

爸爸说："我们先来看一下 5 为什么填在中间。"

爸爸先在纸上画了三横，问我这三横上的数加起来是多少。我仔细地想了想说："加起来是45。因为这三横就是1到9这9个数字加起来。1加9是10，2加8是10，3加7是10，4加6是10，剩下一个5。4个10加一个5是45。"

爸爸问："三横是45，那一横是多少？"

我说："三横是45，每横都一样，所以每横上的3个数加起来是15。"

爸爸又问："那你知道每一竖和一撇一捺各是多少吗？"

我说："按照九宫格的规则，每一竖和一撇一捺上的3个数加起来都应该跟横一样是15。"

爸爸又在纸上画了一个"米"字图，说："这个'米'字图是由中间那一横、中间那一竖还有一撇一捺组成的。你知道这4条线加起来是多少吗？"

我说："知道。每一条线是15，有4条线，就用4乘以15得到60。"

爸爸说："好。我们再找找这4条线的别的说法。你看，4条线的两端就是九宫格外面8个数各用了1次，4条线的中间就是九宫格中间的数用了4次。我们取一次中间的数，加上外面的8个数，就是九宫格的9个数，也就是1到9，加起来就是45。所以，这4条线还可以怎么说？"

我想了想说："这4条线也可以说是1到9加起来的45再加上3次中间的数。"

爸爸说："很好！这4条线的两种说法自然是相等的。你试着求一下中间的数吧。"

我说："好。45加上3个中间的数是60，所以用60减去45得到3个中间的数是15，15再除以3得到一个中间的数，那中间的数就是5。"

爸爸说："很好，中间的5就填出来了。那你刚才把9填在斜角上怎么填不满了啊？"

我指着我填的表格(图1)对爸爸说："你看，如果按规则填，只能填成这样了，3和7怎么也填不进去。"

9	2	4
	5	
6	8	1

图1

爸爸问:"你是怎么填的?"

我说:"我填完9和1,就按照从大到小的顺序再填8和2,到7和3发现不能填,就跳过去填了6和4,然后7和3就填不了啦。"

爸爸说:"我们做研究,不能瞎填数字,首先得有个想法。你看,跟9在同一行的两个数字,还有跟9在同一列的两个数字,它们应该是怎样的两个数呢?"

我说:"哦,两个数加起来得是6。"

爸爸说:"对,9填在斜角上,那就还需要两组加起来等于6的数,但是我们只剩下2和4这一组了,所以9填在斜角上是不行的。如果你想试一下,那就把7和3换成10和0吧。"

我想了想说:"可以啊! 9和6的中间填0,4和1的中间填10,正好可以。"

爸爸说:"对。如果有两组,9就可以填在斜角上,但是没有,所以9就不能填在斜角上。现在9只能填在5上面。接下来你准备怎么填呢?"

我说:"我还是按从大到小的顺序一个一个地试吧。"

爸爸说:"刚才我们还在强调,做研究要有一个尽量明确的想法,所以你最好不要一个一个地试。"

我想了想说:"我知道了。要在9的两边填上一组加起来是6的数。我们只剩2和4这一组了,所以在9的两边填上2和4。再把跟2和4对应的8和6一填,7和3就不成问题了。"于是我很快就把九宫格填了出来(图2)。

2	9	4
7	5	3
6	1	8

图 2

爸爸问:"除了这种填法,还有别的填法吗?"

我想了想说:"没有了。就算4和2交换了位置,那翻转一下又变成我填的这样的了。还有9和1就算到了中间横行,那旋转一下也跟我填的一样了。"

16

方向的规律

爸爸翻到教材①第 10 页，叫我讲第 7 题。

小健说："走进游乐园大门，正北面有花坛和高空观览车。花坛的东侧是过山车，西侧是旋转木马。卡丁车和碰碰车的场地分别在游乐园的西北角和东北角……"根据小健的描述，把这些游乐项目用序号标在适当的位置上（图 1）。
①过山车　②旋转木马　③卡丁车　④碰碰车　⑤高空观览车

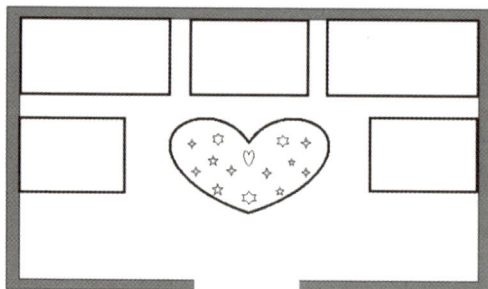

图 1

我说："正北面有花坛和高空观览车，所以⑤写在花坛的上面。东侧是过山车，地图上是上北下南左西右东，所以把①写在花坛的右边。西侧是旋转木

---

① 本书第 16～18 篇所指教材为《小学三年级数学下册》（人教版）。

马，所以把②写在花坛的左边。卡丁车和碰碰车的场地分别在游乐园的西北角和东北角，西北角是西与北之间，所以把③写在花坛的左上角；东北角是东与北之间，所以把④写在花坛的右上角。"

爸爸说："好。"接着，他就在网上找了一幅图（图2），说："这是一幅房屋布局图，你来详细介绍一下各个房间的方位吧。"

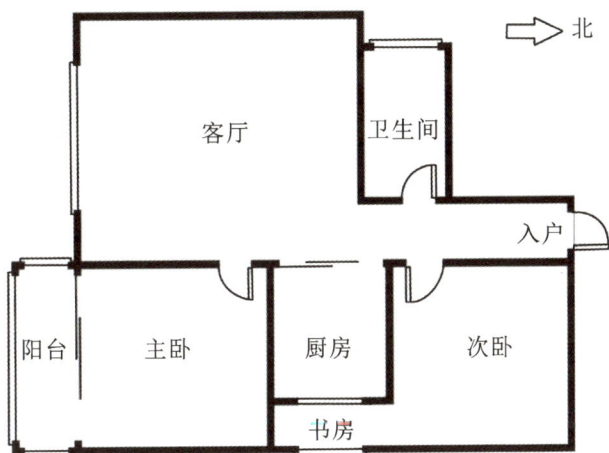

图 2

我偏着脑袋看，一边看一边想一边说："从北边进门往南走，先会看到西边有个卫生间，东边有个次卧，次卧里面还有个小书房。再往南走，会看到东边有个厨房。继续往南走，会看到西边有个大客厅，东边有个主卧，主卧南边还有个阳台。"

爸爸问："你是用什么方法判断方位的？"

我说："上北下南左西右东啊。"

爸爸说："好。"然后他又在网上找了一幅图（图3），说："那你再介绍一下这套房子吧。"

这次，我把头都快偏到地上了，一边看一边想一边说："从北进门，首先看到一个小花园。往南走过花园，西边是一个餐厅，西北方向有个厨房。继续向南走，西南边是大客厅，客厅南边有个阳台。继续向南走，东边有个卫生间，卫生间的南北两边各有一间卧室。"

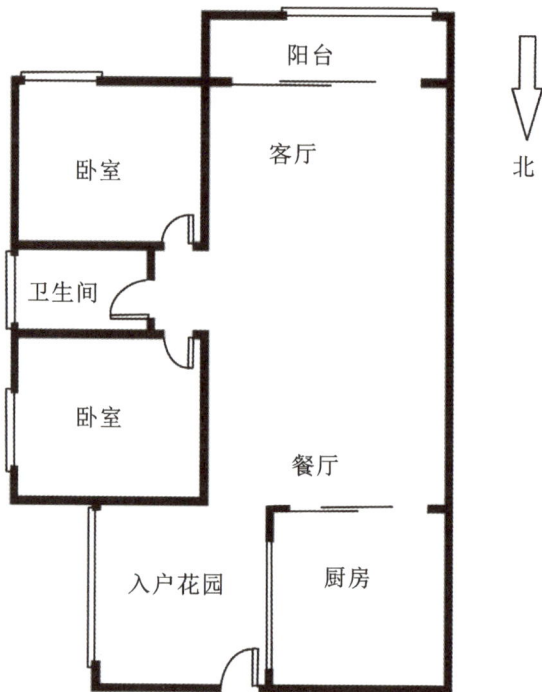

图3

爸爸说:"你这脑袋都快扭断了,看来还是用的'上北下南左西右东'啊。我看你数学书第3页下面有句话'东与西相对,北与南相对',这句话你把它标记了'1'。这句话下面你又写了'2.东南西北总是按顺时针转的。3.东南西北,不管你怎么走,位置都不变。'你觉得这第2条规则和'上北下南左西右东'哪个是根本的呢?"

我想了想说:"东南西北总是按顺时针转的这个规则是根本的。"

爸爸说:"那你用这个规则判断一下刚才那幅图的其他方向吧。"

我说："下面是北，上面就是南。按顺时针转，所以左边是东，右边是西。"

爸爸问："你都说了按顺时针转，就不用说北与南相对了吧?"

我说："是老师说的用两个方位顺时针转确定其他方位。"

爸爸说："老师之所以要你们用两个方位顺时针转，可能是因为你们刚开始学的时候有些同学还不懂。那你现在早就懂了，也就知道只用一个方位就可以用顺时针转来确定其他方位了。所以这个地方练熟了就好了。"

爸爸接着说："今天借助你脖子疼来让你明白一个道理，你可以自己说说看。"

我想了想说："一个规律会造出许多常用的规则，比如这里的南北相对以及上北下南左西右东就是东南西北按顺时针转延伸出来的，但是这些规则遇到有些时候就变得不那么方便了，比如房屋布局图，它是按房屋本身的位置画的，这时候不能死揪着简单规则了，要用最根本的规律来做题。"

爸爸说："很好！常用的规则是很棒的，但是我们不能忘了最根本的规律。就像我们做题，能做对固然好，但是绝不能搞不清里面的道理。"

17
试出来和推出来

爸爸翻到数学书第 32 页，让我讲第 8 题的第 2 小题(图 1)：

要使商末尾有 0，两个方框里可以分别填几？

$$4\overline{)\square\ 8\ \square}$$

图 1

我说："第一个框可以填 4 和 8，第二个框可以填 0、1、2、3。"

爸爸问："第一个框为什么要填 4 和 8？"

我说："4 和 8 可以被 4 除尽，前两个数都被 4 除尽了，后一个框就只用填比 4 小的数，这样就能使商的末尾有 0。"

爸爸问："那第一个框就只能填 4 和 8 吗？"

我在纸上算了算，发现还可以填 2 和 6。填 2，2 和 8 合起来是 28，28 除以 4 等于 7，后一个框再写 0、1、2、3。填 6，6 除以 4 商 1 余 2，28 除以 4 等于 7，后一个框再写 0、1、2、3。于是我说："还可以填 2 和 6。"

爸爸问："为什么可以填这些数？"

我说："因为它们要么能被 4 除尽，要么和 8 合起来能被 4 除尽。"

爸爸说："好，我给你换一种说法。要么百位和十位各自都能被 4 除尽，要么百位和十位合起来能被 4 除尽。对吧？现在我们找到了这个规律。那么为什么会有这个规律？这个规律是怎么来的呢？"

　　我想啊想，想了好久也没想出来，于是我又去问爸爸。爸爸说："我们先把这个除法变成乘法吧。商，也就是一个乘数，它的末尾有0，那么4乘以这个末尾有0的乘数，怎么做？"

　　我说："先用4乘以这个乘数前面的部分，再把那一个0落下来。"

　　爸爸说："好。那我再出几道题你来做一下：7×30，70×3，63×1200，6300×12，630×120。"

　　我说："7×30 先算 7×3，再把那一个0落下来。70×3 先算 7×3，再把那一个0落下来。63×1200 先算 63×12，再把那两个0落下来。6300×12 先算 63×12，再把那两个0落下来。630×120 先算 63×12，再把那两个0落下来。"

　　爸爸问："原题目里，4乘那个有0的商，那个0要落在哪里？"

　　我说："落在被除数个位的框里。"

　　爸爸又问："4乘商的前面那一部分，得数是什么？"

　　我说："是被除数百位和十位上的8合起来的数。"

　　爸爸问："你现在明白为什么会有前面找到的规律了吗？"

　　我想了想说："明白了。百位和8合起来是4乘商的前面部分得到的，所以百位和8合起来能被4除尽。"

　　爸爸说："对啊！这样的话，我们这道题的得数就是推出来的了，它比我们试出来的答案明显更有道理，还可能更完全、更让人心里踏实一些。"

　　接着爸爸又说："你看这次研究呢，有三点要注意到：第一就是要把除法变成乘法；第二就是要注意到它是一个乘数末尾有0的乘法；第三是要把被除数和商分成前后两部分。这三个知识都是你学过的，但是为什么你就没想到呢？因为你没有把这三个知识练牢固，要不然你也会想到把它们组合起来用的。这其实就是科学家们做研究所用的普普通通的方法，明白了吗？"

　　我说："明白了。要把知识练得熟熟的，才能熟能生巧，才能把它们组合起来应用。"

18
奇怪的除法

爸爸教我怎么把笔算除法的过程说清楚，之后爸爸问："加减乘都是从低位算，为什么除法偏要从高位算呢？"

我在纸上试了试加减乘从高位算，除法从低位算：

我用 108÷9 从低位算。8 除以 9 不能除，08 除以 9 也不能除，108 除以 9 没有乘法口诀啊，所以除法从低位算不行。

我又用 44×9 从高位算。40 乘以 9 等于 360，4 乘以 9 等于 36，加起来还是 396，所以乘法从高位算好像也可以。

我又用 108-9 从高位算。先把位数对齐，9 的百位和十位都是 0，所以是 1 减去 0 等于 1，0 减去 0 等于 0，8 不能减 9，向前一位借 1，18 减去 9 等于 9，100 借了一位剩 90，90 加 9 等于 99。减法好像可以从高位算啊，就是一开始百位上写的 1 和十位上写的 0 后来要擦掉，有些不方便。

我又用 108+108 从高位算。1 加 1 等于 2，0 加 0 等于 0，8 加 8 等于 16，所以要把十位上的 0 换成 1，好像可以啊，就是有点儿不方便。

爸爸看完后，指着我的除法例子说："108 除以 9，不可以借位吗？"

我一想，借一位，18 除以 9 等于 2，把 2 写在商的个位上，90 除以 9 等于 10，把 1 写在商的十位上，所以 108 除以 9 等于 12，可以啊。

爸爸又指着我的加法例子说："你这个例子举得好，那这是什么情况导致了有点儿不方便呢？"

我说："它有进位。"

爸爸说："很好。那爸爸再给你出一道题，148 加 158，你从高位开始算一下吧。"

"好的，"我说，"1 加 1 等于 2，4 加 5 等于 9，8 加 8 等于 16 要进位，9 加进的 1 等于 10，再向前进 1，2 加 1 等于 3，148 加 158 等于 306，比我刚才举的例子还要麻烦！"

爸爸说："好，你先总结一下吧。"

我说："乘法和借位的除法从高位算、低位算都行，加法和减法也都可以从高位算和从低位算，但是加法和减法要麻烦一些。"

爸爸说："好，你现在自己列几个式子对比检验一下乘法和除法从高位算和从低位算。"

于是我列了以下竖式（图 1）：

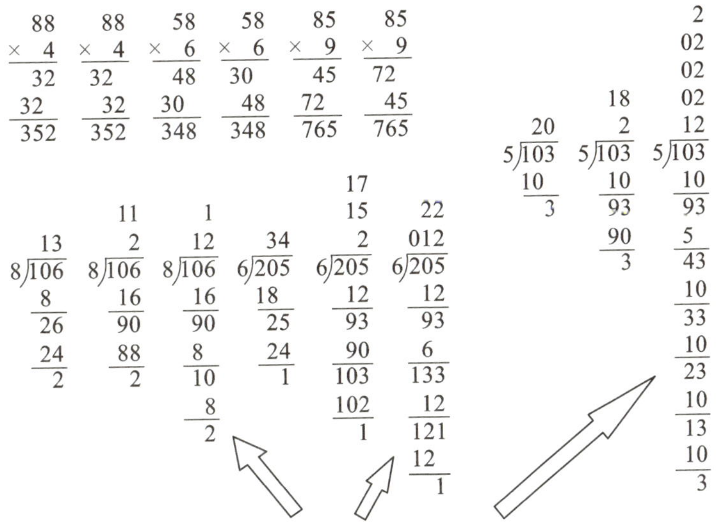

$$
\begin{array}{r}
88 \\
\times\ 4 \\
\hline
32 \\
32 \\
\hline
352
\end{array}
\quad
\begin{array}{r}
88 \\
\times\ 4 \\
\hline
32 \\
32 \\
\hline
352
\end{array}
\quad
\begin{array}{r}
58 \\
\times\ 6 \\
\hline
48 \\
30 \\
\hline
348
\end{array}
\quad
\begin{array}{r}
58 \\
\times\ 6 \\
\hline
30 \\
48 \\
\hline
348
\end{array}
\quad
\begin{array}{r}
85 \\
\times\ 9 \\
\hline
45 \\
72 \\
\hline
765
\end{array}
\quad
\begin{array}{r}
85 \\
\times\ 9 \\
\hline
72 \\
45 \\
\hline
765
\end{array}
$$

图 1

图1 中还包含多组除法竖式（106÷8、205÷6、103÷5 等），以及

爸爸补充的借位情况下从低到高（一轮一轮）进行的除法

图 1

爸爸问："你看乘法从高位算，有什么不方便的吗？"

我说："就是写的时候有一点儿感觉不大习惯。"

爸爸又问："那你看除法从低位算，有什么不方便的吗？"

我想了一下说："这些除法竖式里余下的高位数再除以除数得到的是个两位数，又要加上上一次在个位上除完的结果，所以有点儿不方便。比如 106 除以 8，6 不够除以 8，向前面借 1，16 除以 8 等于 2，在商的个位上写上 2。

100 借 10 还剩 90，90 除以 8 等于 11 余 2。又要用 11 加上刚才的 2 等于 13，最终在商上写 13，还余 2。而从高位除，哪个算式都不会出现前面求出的商加后面求出的商这种情况。另外，这些算式从高位算都比较简单，但是从低位算比从高位算步骤要多一些。比如 205 除以 6，从高位算，20 除以 6 等于 3 余 2，在商的十位上写 3。因为没除尽，下一步是 25 除以 6 等于 4 余 1，所以商是 34 余 1，好简单。但是从低位算，5 不够除，先借一位，15 除以 6 等于 2 余 3。没除尽，所以余的 3 要和 100 借 10 剩下的 90 合在一起成为 93，再除以 6，得到 15 余 3。15 是第 2 份商，余的 3 还要和 200 借 100 剩下的 100 合在一起成为 103，再除以 6，得到 17 余 1，17 是第 3 份商，1 是整个除法的余数。把 3 份商 17、15、2 加到一起，这才求出 205 除以 6 等于 34 余 1。"

爸爸问："那你现在知道加减乘除为什么是按照老师教你的顺序来算的了吗？总结一下吧。"

我说："好。加法如果从高位加，万一低位又进位了呢？那又要把高位改一下，有点儿麻烦，所以加法要从低位加。

"减法如果从高位减，高位算好了，低位万一要借位呢？又要把高位改一下，也有点儿麻烦，所以减法也要从低位减。

"乘法从高位算和从低位算都行，只是加减都习惯了从低位往高位写，所以乘法从低位乘就更方便一些。

"除法如果从低位算，等到高位的时候，除出来的商万一有低位的呢？那又要跟先算出来的低位的商再加一遍。而且，如果低位除出来有余数，它不能直接当作整个除法的余数，还要跟高位加在一起重新除。这两种情况都比较麻烦，所以除法要从高位除。"

"很好！"爸爸说，"你现在总算搞清楚了加减乘除各自的运算顺序了，理论上都可行的，但是老师教你们，肯定要教更简单、更方便的。科学家们做的很多研究，也都是为了让我们生活得更简单、更方便。"

下篇

妙趣

19
剪角

题目

把长方形纸片的一个角剪掉，会剩几个角？

讲解

爸爸：乐乐想清楚了吗？想好了就讲讲吧。

乐乐：好。这道题我觉得要看怎么剪。可以直接把一个角剪掉，会剩下五个角。但是用剪刀沿着弧线剪，那就不一定了。

爸爸：哟，是个好想法！剪刀沿着弧线剪，剪掉一个角后，打开就是弯弯的，没有产生新的角，也就只剩下三个角了（图1）。要是剪刀开始沿着弧线剪，后来直着剪，那剪掉这个角，还是会得到一个新的角，最后剩下四个角（图2）。要是剪刀剪到中间的时候剪出一些锯齿，那就想要几个角就有几个角了（图3）。看来你把这道题当成脑筋急转弯来做了。现在我们按普通数学题来做，剪刀就直着剪一刀。你再想想。

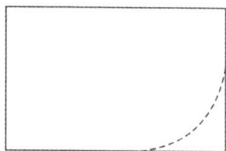

图1

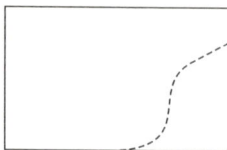

图2

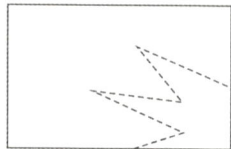

图3

乐乐：那就只有一种答案，剪掉一个角，还剩五个角。

爸爸：你刚才的思路还是挺发散的，但是现在怎么有点儿局限了呢？其实从科学思考的角度来说，我们可以首先确定剪刀的刀口落在哪儿，然后确定向哪个方向剪。你看，长方形纸片有四条边、四个角，但是对我们来说，剪刀放在哪条边上都没有区别，放在哪个角上也都没有区别，所以剪刀的刀口也就只能落在边上和角上，就这两种。

比如落在边上，那么刀尖就从指向邻边开始逆时针旋转（图 4），转半圈过来，我们发现也就只有剪向邻边和剪向对角这两种（图 5）。至于剪刀刀口落在角上的情况，你自己想想。

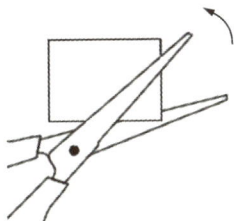

图 4

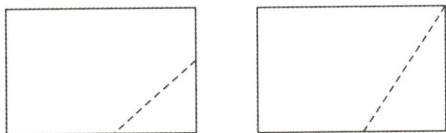

图 5

乐乐：但是爸爸，题目说剪掉一个角，你刚才有一种是剪向对角，不是把对角也剪掉一半了吗？

爸爸：好问题。可是你看看，剪完以后，对角还在吗？

乐乐：哦，那我知道了，剪掉半个角之后留下来的不叫半个角，还是叫一个角，所以剪掉半个角其实不算数。那么，剪刀刀口落在角上的情况，最后也有剪向邻边和剪向对角这两种（图 6）。

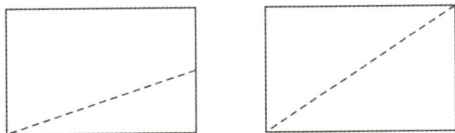

图 6

爸爸：对！很好！这样我们就看出来，图 6 和图 5 各有两种答案，其中有一种重复了，所以最终有三种答案：长方形纸片剪一刀，可以剩下 3 个、4 个或者 5 个角。

爸爸：这道题在最开始，你思考的时候没有条理。这个条理，首先指的是类别，你没有想到长方形边沿的位置有边和角这两类，所以剪刀刀口有两类放法。然后呢，这个条理还指顺序，你没想过要先确定刀口的位置，再旋转刀尖的方向。我们在成长中，这两条思路都很重要。先说分类，咱们生活、成长中，有什么重要的与分类相关的事情吗？

乐乐：嗯，我小的时候，妈妈经常说我从衣服箱子里拿衣服把衣服翻乱了，她说她是分类放的。

爸爸：是啊，妈妈放衣服本来就是按类别摆放的。裤子跟裤子放一起，裙子跟裙子放一起，上衣跟上衣放一起，内裤在上边，袜子在角落，可是你找衣服从不观察，一顿乱翻，一件衣服找出来了，一箱子衣服就翻乱了，我记得你甚至有好多时候都急着要上学了还找不到要穿的衣服。

乐乐：哈哈哈哈，那是小时候嘛，现在妈妈很少说我衣服乱了。

爸爸：那不是因为你水平高了，而是因为现在你有两个衣柜放衣服了，一层只放一种衣服，太容易了。你看，你的书架没分层，所以我还总听到妈妈在说你把书和文具放得乱七八糟。

乐乐：可是书和文具也太多了吧。学校发的书，还有练习册、试卷、字帖，家里还买了练习本、字典、词典，还有《十万个为什么》《西游记》，好多啊，有时候扫地都能扫出一本书来。

爸爸：是吧。你看，不会分类的话，有时候书都找不到。

乐乐：嗯，除了书，还有铅笔、水性笔、水彩笔、直尺、三角板、橡皮、卷笔刀、涂改带，好多好多啊，本来就不好摆嘛。

爸爸：是很多啊。可是你看，你说的时候也还是有一点儿类别概念的，

那就按照类别来捋一捋吧。比如说语文、数学这些教科书作为一类；练习册、试卷，这样的教辅资料作为一类，你也可以把练习本和字帖放在这一类；字典、词典、《十万个为什么》这些作为工具书一类；《西游记》《伊索寓言》以及你订的《小学生天地》《课堂内外》，这些都是课外阅读书，归为一类。那么书籍也就

这四类。文具你可以简单地分两类，笔是最多的，归为一类，其他的归为一类。这样你只需要六块地方来放你所有的学习用品。只要你头脑中类别的概念很清晰，那么，不管你是找出来用还是收拾摆放，都可以很迅速的。你想想，是不是这样？

乐乐：好像也是啊。

爸爸：其实不单单是衣服、学习用品，比如你去图书馆借书，图书馆的书籍一定是按照类别摆放的。去书城买书也是一样，去超市买东西也要到相应的分区。

乐乐：我知道。到超市去买零食、买饮料、买玩具、买衣服、买牙膏，都要到相应的分区。

爸爸：你现在是小学，各门课都还在打基础，等到了大学，你和同学们就要分成学语文的、学数学的、学音乐的、学体育的等。比如，妈妈就是中文系毕业，学语文的；爸爸是物理系毕业，学科学的。如果学校需要一个语文老师，妈妈就可以去，爸爸就不会去。专业的事情交给专业的人去做。懂了吗？

乐乐：我懂了。爸爸，我喜欢数学，长大了就可以学数学专业做数学老师对不对？

爸爸：是的。分类就是这道题教给我们的第一条成长的道理。第二条就是顺序。顺序重要不重要？你先举一个很重视顺序的生活例子吧。

乐乐：上厕所，拉臭。拉完了，擦屁股，冲水，洗手。

爸爸：对啊，对啊。你不冲水，再有人去上厕所，哎呀，好臭！

乐乐：呵呵呵呵。

爸爸：你不洗手，细菌就可能沾在你手上。你要是再直接拿东西吃，这些细菌可能就会进到你的身体里。这就是"病从口入"。所以，要严格按照顺序来。有些步骤是不能漏掉的，有些步骤的顺序是不能颠倒的。比如说你一定得是先脱裤子，再拉尿。如果颠倒过来了……

乐乐：那是小宝宝尿裤子了。

爸爸：是啊。所以做事情要讲究顺序。比如你做作业，也有顺序。先得把各科作业简单列出来，计划一个时间，然后才开始动笔做。有了这样的顺序，咱们做事情效率才会高。要是没有一个好的顺序，那么稍微复杂的事情，你就会做得丢三落四，或者根本做不完。你看你刚才解这道题，啥都没想，咔嚓就是一剪子。而爸爸呢，是先确定好剪刀刀口的位置，再确定剪刀刀尖的方向。

而确定刀尖方向的时候，还是按逆时针的方向旋转的，这样才确保没有疏漏。所以分类和顺序在我们生活和成长中是很重要的。明白了吗？

乐乐：明白了。

爸爸：接下来，我们再来看这道题。剪掉一个角，就是舍弃了一个角。舍弃一个角，后果有三种：一种是舍了就舍了，就只剩三个角了；另一种是舍弃一个角，又收获了一个角，还是四个；还有一种是舍弃一个角，反倒收获了两个角，变成了五个角。这里面就有一个舍与得的问题。这在我们成长中也是一个很有意义的话题。有的同学付出了努力，结果什么收获都没有。你也看到有的大哥哥一有空就玩游戏，玩得还很认真，这也是付出努力，但是有收获吗？

乐乐：高兴算不算？

爸爸：认真做什么事情都会高兴的。比如你认真打篮球会高兴吧？

乐乐：会啊。

爸爸：认真画画会高兴吧？

乐乐：会啊。

爸爸：认真看书会高兴吧？

乐乐：会啊。

爸爸：认真做了一道题会高兴吧？

乐乐：会啊。

爸爸：所以啊，认真做什么事情都会高兴的。所以高兴不算玩游戏的收获。

乐乐：那玩游戏就没有收获了。

爸爸：这就是付出了努力却没有收获的典型例子。这就是剪掉一个角只剩三个角的例子。

乐乐：那有没有剪掉一个角还有四个角的例子？

爸爸：有啊，比如你在考场上，付出多少就收获多少，总不会没好好考试就拿了一百分，也不会认真考试了还不及格。反正你的资质，甚至几乎全天下小孩子的资质，相比平时的作业和考试，应该是超出的。态度有多端正，也就是有多认真、仔细，就能拿多少分。没拿到，那一定是态度不够。

乐乐：好吧，我知道了。那有没有剪掉一个角还有五个角的例子呢？

爸爸：我先问你个问题吧。比如有个小孩儿，他自己做作业全对，那你觉得他给做错了的小孩讲题，他这个付出有没有收获呢？是收获一般般，还是收获巨大？

乐乐：我觉得他这个付出，收获一般般，有时候还没收获。

爸爸：可是爸爸觉得他这个付出，收获巨大。

乐乐：为什么？他本来就会啊。

爸爸：你看啊，他自己做能做对，就好比这只平头铅笔，可以轻松地站在桌面上，但这不表示你就能抗住风啊。我们知道，随便从什么方向轻轻地吹口气，铅笔就会倒。所以他这次做对了，并不表示以后就不会错。因为一个知识点可以从不同的角度出题，从这个角度出的题他会了，那从别的角度出呢？他自己是不能够对自己进行考验的。而其他同学做错了，往往是因为他们是从别的方向去想的，就像是从不同方向吹一口气。现在帮他们讲题，帮他们分析为什么错了，就相当于经受住了从四面八方吹的风。他是不是掌握得更牢固了？

乐乐：是啊。

爸爸：所以，你做对了，不妨花一点儿时间给做错的小孩讲讲，这样你就可以掌握得更牢固。这件事情又好比爬山，你天天都能从这条路爬上山，不表示把你扔到山上的某个地方你还能爬上去。每个人掌握的正确的路可能只有一条，但是你能犯错误的路可以有好多条。你多帮几个同学分析他们的错误，就相当于从山上不同的地点帮他们找路。找出来了，就是一条新路。找不出来，你也知道了这条路走不通。这样，整座山就都在你脑海里了。把你丢到任何一个地方，你都能很顺利地爬到山顶。对不对？

乐乐：对呀。

爸爸：我为什么说这种收获是巨大的呢？因为你帮别人分析错误所得到的收获是你自己做题可能永远也得不到的收获。天天都只顺着一条路上山，你可能永远也不知道山的别处是什么样的；天天像只铅笔这么站着，你可能永远也不知道该怎样才能让自己站得更牢固。你说，帮别人讲题，收获是不是很大啊？

乐乐：是啊。

爸爸：但是这里一定要注意，要让他先讲讲他是怎么想的，如果别人还没说话，你就叽里呱啦把自己的想法讲一通，是没有收获的。爸爸读初中的时候，中考前两个星期，我分别给两个同学讲过同一道数学题，但是考试的时候，试卷上出了原题，我却一下子不知道该怎么做了，最后一分也没得到。

乐乐：啊？你不是讲过两遍吗？

爸爸：是啊，爸爸根本没让那两个同学说他们的想法，都是爸爸自己叽里呱啦讲了一通，所以没把知识掌握牢固。明白以后该怎么做了吗？

乐乐：我明白了，要先听听别的同学是怎么想的。

爸爸：对，哪怕他说他想错了，也要让他说出来听听，这对我们才是宝贵的教训。学习是这样，成长也是这样。所以为什么小孩要多听听爸爸妈妈的话呢？就是因为爸爸妈妈的话都来自他们自己的挫折、错误，还有他们看到的和听到的别人的挫折和错误。你多听一听，好好琢磨琢磨，就能让自己少经受一些挫折，少犯一些错误。好了，关于舍和得的思考是这道数学题带给我们的第三条成长道理，以后还要多琢磨哦。

乐乐：好的。

爸爸：好，这道题就讲到这里。虽然题目不难，但是教给我们的成长道理可还不少呢，我们总结一下吧。首先，要有分类意识。因为社会是分类的，人是分类的，事情是分类的，有了分类意识，我们才能更清晰地了解社会，了解人，才能更好地发展自己，更好地做事情。然后，要重视顺序。做事情要选择一个合理的顺序，要严格遵照这个顺序，才能把事情做得更快、更好。然后呢？

乐乐：要舍得付出。

爸爸：对，要好好琢磨，哪些是应该付出的，哪些是不应该付出的。要经常想一想，我最近的付出，收获怎么样？能不能有更大的收获？我最近的进步大吗？快吗？只要我们善于思考，处处都能找到成长的道理。加油吧！

乐乐：好！

20
贝壳

姐妹俩捡贝壳，妹妹捡了 2 个，姐姐给妹妹 2 个，姐妹俩就一样多了。请问姐姐捡了几个贝壳？

讲解

爸爸：乐乐想清楚了吗？想好了就讲讲吧。

乐乐：好。因为妹妹捡了 2 个，姐姐给妹妹 2 个，姐妹俩就一样多了，我就先求姐妹俩一样多是多少。用妹妹捡的 2 个加姐姐给的 2 个，等于 4 个，现在她们一样多。姐姐给了妹妹 2 个，所以姐姐捡的贝壳要加 2 个，4 加 2 等于 6。姐姐捡了 6 个贝壳。

爸爸：好。你这个思路啊，是先找相等时的个数，再找相等之前姐姐有多少个。那你有没有想过这样一个问题：姐姐本来是比妹妹多的，姐姐给了妹妹 1 个的话，她俩的差距会减小多少呢？

乐乐：……

爸爸：看来，这是你从来没有思考过的问题。比如姐姐原来比妹妹多 8 个，姐姐给妹妹 1 个，姐姐还比妹妹多几个呢？

乐乐：……

爸爸：看来，不给你具体的数，你就算不出来是吧？

乐乐：我再试一下……是不是 8 减 2 啊？

爸爸：为什么要减2呢？

乐乐：我是这样想的，姐姐给妹妹1个，姐姐会少1个，同时妹妹会多1个，是2个，所以总共要减2。

爸爸：对，这才慢慢有点儿思路了。我记得一、二年级的时候我们用两摞积木比较过高矮：姐姐一摞，妹妹一摞，具体多高不知道，反正姐姐这一摞比妹妹那一摞高8块积木。能想象吗？

乐乐：能。

爸爸：好。那现在姐姐给妹妹1块。是不是姐姐就少1块了？这个差距就少1了，是不是？

乐乐：嗯。

爸爸：等这块积木落到妹妹这边的时候，妹妹就高起来1块了，是不是这个差距又得少1了？

乐乐：嗯。

爸爸：所以是减2。姐姐降低了1块，妹妹增高了1块，所以这1块积木的效果是1块当2块用的。你发现了没有？

乐乐：嗯。

爸爸：原来多8块，我转移1块，就只多6块了。再转移1块，就只多……

乐乐：4块。

爸爸：所以这个1块顶2块用的思路可以用到我们这道题中。我们看，姐姐给了妹妹几个贝壳？

乐乐：2个。

爸爸：那这2个就顶几个用？

乐乐：4个。

爸爸：好。妹妹原本是2个，加上这顶4个用，那就是6个，所以姐姐原来就是6个。明白吗？

乐乐：……

爸爸：1个顶2个，那2个就顶4个，姐妹俩相等了，所以原来的差距就是4个。就是说，姐姐给妹妹的这2个，缩小了姐妹俩的差距，缩小了4个差距，就没差距了。懂了吗？

乐乐：这回懂了。

爸爸：好，我们现在再拿一个具体的数据来熟悉一下这种方法吧。假如妹妹原来是 3 个, 姐姐原来不知道, 姐姐给了妹妹 5 个, 姐姐比妹妹还多 10 个。

乐乐: 给了妹妹 5 个?

爸爸: 对。给了 5 个, 还多 10 个。那你说姐姐原来有多少? 你按我们刚才的思路来看。

乐乐: 23。

爸爸: 怎么算的?

乐乐: 给了 5 个, 要顶 10 个啊。10 个加上妹妹那 3 个, 等于 13 个, 再加上姐姐比妹妹多 10 个, 就是 23 个。

爸爸: 对。给 1 个就缩小 2 个差距, 所以给 5 个就缩小 10 个差距。缩小 10 个差距之后, 姐姐比妹妹还多 10 个, 那说明原来的差距是多少?

乐乐: 原来的差距是 20。

爸爸: 对。这样的题, 按照这种思路去做的话, 可以列这样的式子: $3+5×2+10=23$。

乐乐: 那原来的题是不是写 $2+4=6$?

爸爸: 要写 $2+2×2=6$。如果题目中是给了 3 个, 就要写 $3×2$。如果是给 5 个, 就要写 $5×2$。而且前面还要再写一句: 转移 1 个, 就缩小了 2 个的差距。不然, 有的同学就看不明白你这个解法了。明白了吗?

乐乐: 明白了。

爸爸: 其实这道题呢, 对我们的生活, 对我们的成长, 也是很有启发、很有帮助的。你看, 它挪 1 个, 这边减少了, 那边反而增加了。这 1 个顶 2 个的现象在我们成长中较为典型。比如, 你消灭了 1 个缺点, 不仅仅是缺点少了 1 个, 而且优点往往还增加了 1 个。你想想是不是?

乐乐: 我消灭了缺点不是平了吗?

爸爸: 有的缺点, 比如随地吐痰, 改正了这个缺点, 确实也不值得说是个什么优点。但有的就不一样, 比如不专心, 写作业不专心。你把不专心消灭了, 就变成什么了?

乐乐: 变成专心了。

爸爸: 对。不随地吐痰了, 就像是姐姐减少了 1 个贝壳, 但是没给妹妹。不管她是掉了还是扔了, 总之是姐姐减少了, 妹妹却没有增加。而消灭了不专心呢, 就是姐姐给了妹妹 1 个贝壳, 不仅姐姐减少了, 而且妹妹也增加了。那我们现在呢, 再来找一找消灭了 1 个缺点就产生了 1 个优点的例子吧。

乐乐：坐直算不算优点？

爸爸：首先，社会上专门有形象礼仪培训课，这其中就有坐姿。当然，它不是你说的坐直这么简单。坐直只是普通的事情，但如果是人家培训的坐姿，那就算是优点了，不仅对脊椎有好处，而且人看着就精神、就优雅端庄，别人对你的印象就更好。当然，我估计你最喜欢听到的就是妈妈再也不会说你了是吧？

乐乐：哈哈哈哈。那我去学坐姿，不仅可以改掉坐不直的缺点，还能收获优点。

爸爸：再比如不努力学习，不爱看书，这些缺点消灭了，就变成什么了？

乐乐：努力学习，爱看书。

从小爱看书的乐乐

爸爸：对啊，努力学习肯定是优点。那爱看书算不算优点？

乐乐：爱看书，知识渊博。

爸爸：所以也算优点。这不就都变成优点了吗？你的生活中还有好多这样的例子。比如喜欢跟妈妈顶嘴，消灭了就变成什么了？

乐乐：不喜欢跟妈妈顶嘴。哦，不是，是不跟妈妈顶嘴。但这也不是优点啊？

爸爸：这怎么不是优点呢？妈妈指导你做事的方法，跟你讲的道理，都是妈妈自己或者她看到的别人的成功的经验，也有的是从她自己或者别人遇到的挫折、犯过的错误中反思的教训。你既然不跟妈妈顶嘴，是不是就认真听进去了？

乐乐：对。

爸爸：这些成功的经验和反思的教训，你认真听进去了，认真去落实了，是不是自己就更进步了，更能避免走弯路了？

乐乐：对。

爸爸：这里面不就有一堆优点嘛。

乐乐：哦。

爸爸：这些都是消灭缺点获得优点的例子。那要是反过来呢？比如有个小孩，他一直都很谦虚、努力，成绩每次都是第一，还经常帮别的小孩讲题，大家都很喜欢他。后来他就想，我次次都是第一，我跟他们是不同的。结果他就骄傲了，就瞧不起人了，也不愿意给别人讲题了，总是嘲讽别人"你这还不会"。他还想，我既然天生就聪明，资质就比他们高，我就不需要那么努力。结果他就贪玩了。后来呢？

乐乐：他成绩肯定下降了。

爸爸：是啊，不光成绩下降了，别人也都不喜欢他了，也不愿意提醒他努力，连他没听到老师布置的作业别人都懒得跟他说。这就是优点消灭了，收获了一大堆缺点。咱们可不能这样！

乐乐：嗯。我想起来一个例子。有一个同学，他有一个非常好的优点，就是很爱看书。他也喜欢交朋友，交了很多朋友，但是有些朋友天天带着他玩各种各样的游戏，他慢慢地就不喜欢看书了，于是成绩就慢慢地下降了。

爸爸：每天都是 24 小时，他不看书的话，这些时间他干什么呢？

乐乐：他在玩。

爸爸：所以，如果你不好好维持优点，你很可能就会多出一个缺点。因为你的时间、精力要打发，对不对？

乐乐：嗯。

爸爸：如果你说，我不好好看书了之后，我去好好弹钢琴。这样倒是可以，是不是？

乐乐：嗯。

爸爸：但往往我们发现，现实中不是这样的。一个优点不好好维持的人，他往往是发展缺点去了。

乐乐：能那么蠢吗？

爸爸：真的是这样的。他一开始不认为是缺点，比如游戏，开始玩的时候只是为了放松一下，我们偶尔也会玩对不对？但是他慢慢沉溺在游戏里面去了，那就发展出一个缺点来了。每个人的时间、精力有限，他发展出的缺点所占用的时间、精力就占用了他原来的优点所占用的时间、精力。想明白了没？

乐乐：想明白了。

爸爸：这个例子举得非常好！以后你在成长中一定要记住，自己的优点一定要让它一直是优点。一旦没有维持这个优点，你很可能不是去发展另一个优点，而是去发展一个缺点了，去发展一个不好的东西了。明白了吗？

乐乐：明白！

爸爸：这道题就讲到这里，我们再琢磨一下它教给我们的道理。消灭一个缺点很可能会新增一个优点，要努力！反过来，不能维持一个优点很可能就会发展出一个缺点，要小心！

乐乐：好的，爸爸！

21
走法

题目

从"由"字形道路的最顶点走到中心点，有几条不重复的走法？

讲解

爸爸：乐乐想清楚了吗？想好了就讲讲吧。

乐乐：好，我认为有9条路。第一条，竖到中心。

爸爸：嗯，1条。

乐乐：第二条，竖、横、竖、折。

爸爸：嗯，2条了。

乐乐：竖、横、竖、折。

爸爸：嗯，对称的是吧？3条了。

乐乐：下一条，竖、横、长竖、横、往上竖。

爸爸：4条。

乐乐：……

爸爸：对称的，5条。

乐乐：……

爸爸：等等！你看看这个纸都被你画穿了几层了，硬要在这个"由"字上不停地画吗？你在它旁边画不行吗？

乐乐：好……我找到了9条路，有4组是对称的（图1）。

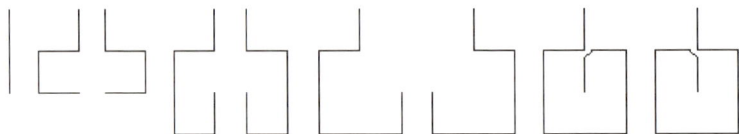

图1

爸爸：很好。但是第8条路在十字路口这个点重复了，下来的时候都已经走过了，你绕过来又从这儿过，这就不行了，要删掉。跟它对称的第9条路一样要删掉。

乐乐：那么去掉这两条路，1条、2条、3条、4条、5条、6条、7条。

爸爸：7条就是对的，就这7条路。明白了没？

乐乐：明白了。

爸爸：好。这道题呢，首先给我们的一个启示就是顺序。你不讲求这个顺序，就是乱画一气。是不是？

乐乐：嗯。

爸爸：你看，你刚才画的时候讲求的是个什么顺序呢？路，从短到长。从一开始不绕——就是这一竖，然后绕一下，是不是？对称的我就不说了。然后呢，多绕一下；然后呢，再多绕一下，对不对？所以不加对称，就这4条。

乐乐：嗯，加上3条对称的，合起来是7条。

爸爸：对。先抛开对称不说。这些路，你看到没，是按从简单到复杂的顺序来的，从直接到绕弯到绕更多的弯来的，对不对？

乐乐：对。

爸爸：所以这是一个顺序问题。我们在前面也强调过顺序，但今天这个顺序更强调的是排序，不像以前是一件事情按步骤从头做到尾。今天这道题，好像是很多事情放到你面前，看你怎么给它们排队。你看这里，我们就是按难易程度，从易到难、从简单到复杂给这些路排了序，对不对？

乐乐：对。

爸爸：我们做事情也是这样，先找简单的方法，如果简单的方法能做的话，我们当然简单处理。搞那么复杂干什么，你说是不是？

乐乐：是。

爸爸：排序确实很重要，这里还有一个关键就是你按照什么来排序。

乐乐：先来后到。

爸爸：对。有的按照先后排序，比如打饭、去医院挂号、跑步比赛等。有的按照难易程度排序，比如做试卷。有的按照路的远近排序，比如到了游乐园或者野生动物园，你想多去几个地方，那就先去离得近的，依次再去离得远的。有的按照亲疏关系排序，比如你想邀请谁来跟你一起做作业和玩，总是会先想到跟你玩得最好的，然后是玩得比较好的，等等。很多事情的做法都不是只有一种方式，那我们怎么选择呢？当然就要按照某种规则先排个序了。所以排序这个能力、这个习惯，在我们生活中很重要，我们要好好锻炼锻炼、培养培养，对不对？

乐乐：对。

爸爸：这是这道题目给我们的第一个启示。然后，这道题目还教了我们一个道理。

乐乐：还有什么呢，爸爸？

爸爸：你发现了没？这7条路啊，有一段公共的路，大家都走过。

乐乐：我知道是哪一条。

爸爸：这告诉我们什么呢？告诉我们一个选择问题。你看，不管怎么走，第一步都必须走这儿，这是没得选择的，但是从第二步开始，是不是可以选择了？有的往前，有的往左，有的往右，共有三种选择。选了往左或往右的，再走一会儿，又可以选择了。可以直接进来，也可以继续绕弯儿，是不是，这就又有两种选择了。选了继续绕弯儿的，走到这儿的时候，可以直接拐进去，也可以再往前走。这就又有两种选择了。

乐乐：选择 3 次后，走到这儿就不能再选了。

爸爸：所以我们做事情也是一样的。有些事情呢，是没得选择的，你必须做。举个例子看。

乐乐：必须做？哦，我知道了。必须完成九年义务教育。

爸爸：九年义务教育，你必须去做，必须去好好完成，是吧？

乐乐：嗯。

爸爸：上课认真听讲，有得选择吗？

乐乐：有人也……上课不认真听讲啊。

爸爸：那最后的结果怎么样？

乐乐：最后他成绩就差，没学好。

爸爸：那就等于没走通这条路。我们说的这些都是走通这条路，对不对？

乐乐：对。

爸爸：你要想把路走通、走好，有些阶段它就没得选择的，有些事情它也没得选择的，对不对？比如说，有的小孩从小就跟父母顶嘴，长大以后他还会骂父母，你说这个小孩能说长好了吗？

乐乐：不能。

爸爸：一个人要长好的话，就要小时候尊敬父母，长大了孝敬父母，这有得选择吗？

乐乐：没有。

爸爸：父母生他、养他，给他吃的、喝的、住的，还带他出去玩，教他说话，教他走路，送他上学读书。

乐乐：还帮他挑鱼刺。

爸爸：对啊，可以说父母是这世上给了他最大好处的人。他连父母都不尊敬、不孝敬，你还指望他对你好？可能吗？

乐乐：是啊。

爸爸：那我们从小好好听父母对我们的教导，好好享受父母对我们的关心照顾，这有得选择吗？

乐乐：没有。

爸爸：对。谁能完全不要父母的照顾，完全不要父母的教导，就能自己活得好好的？

乐乐：没有。

爸爸：所以说，好好听爸爸妈妈的话，好好听老师的教导，这些都是必须的，没得选择的。再比如说，爱国……

乐乐：必须爱国。

爸爸：爱自己的国家，这是必须的。就像爱自己的父母一样，因为这个国家像你的父母一样，给你提供你现在成长、将来发展所需要的一切东西，比如学校、公园、工作岗位等。

乐乐：还有高铁、飞机。

爸爸：还包括《三字经》《唐诗》《西游记》、敦煌莫高窟，这些东西都不是别的国家提供的，对不对？

乐乐：对。还有好多好吃的。

爸爸：对啊对啊，大吃货嘛。那你既然在这个国家长大，受到这些恩惠，你当然应该爱这个国家，对不对？

乐乐：嗯。

爸爸：好。那有些事儿呢，就可以有得选择，就像我们这第二步、第三步一样。比如说……

乐乐：吃苹果可以选择，挑苹果也可以选择。

爸爸：吃苹果还是吃梨，可以选是不是？兴趣班是学钢琴还是学画画，可以选对不对？看电视是看《西游记》还是《神话故事》，可以选是不是？课外活动是报足球班还是创客班还是书法班，也是让你自己选的对不对？去买零食的时候，是买甜的、咸的、辣的还是都买，更是你自己选的是不是？

乐乐：是啊是啊。

爸爸：这道题就是讲有些事情有得选择，有些事情没得选择。爸爸在这里还要重点告诉你的是，当我们遇到没得选择的时候，心里面不要闹别扭，知道吗？认认真真去做就好了。

乐乐：嗯。

爸爸：关于你的成长，从大的方面来说，你就是没得选择的，就得依照爸爸妈妈和老师的教导来做。你不要顶撞爸爸妈妈，可以好好地跟爸爸妈妈商量，跟爸爸妈妈沟通，这样才能找到更适合你发展的一条路来。

乐乐：你们就不会错吗？

爸爸：多错倒谈不上。但毕竟我们不是你，我们成长的时代也跟你现在这个时代有所不同，所以我们做出来的选择，也会有那么一点儿偏差。而且我们看你都会有偏差，这是正常的。知道吗？

乐乐：嗯。

爸爸：所以当你觉得有不合适的时候，就要好好和爸爸妈妈说，不要用顶撞的方式。爸爸妈妈和你一起来出谋划策，争取让你走出一条最适合你的成长道路，好不好？

乐乐：好的。

爸爸：这道题就讲这些，它教给了我们两条成长的道理：一是要培养排序的习惯，锻炼排序的能力；二是要清楚我们遇到的事情有的有得选择，有的没得选择，都要认真地去面对：没得选择的时候不闹情绪，认认真真做就行；有选择的时候更要用心，以免将来后悔。明白没？

乐乐：嗯。

22
路口

题目

爸爸问乐乐："刚才我在路口,一连过去了好几辆出租车。可以说是两车前面有三车,两车后面有三车,两车中间有三车。乐乐,你算算到底有几辆出租车?"

讲解

爸爸:乐乐想清楚了吗?想好了就讲讲吧。

乐乐:我认为有 5 辆车。"两车前面有三车",2 辆车子前面有 3 辆车子。然后"两车后面有三车",前面有 2 辆车子,后面又有 3 辆车子。"两车中间有三车",最后面 1 辆车子加最前面 1 辆车子,2 辆车子,中间有 3 辆车子,合起来是 5 辆车子。

爸爸:好。还有别的想法吗?

乐乐:……

爸爸:那爸爸这里还有一种想法你听听。"两车前面有三车""后面有三车""中间有三车",那就有 3 乘 3 等于 9 辆车,再加上这"两车",9 加 2 等于 11 辆车。听明白了吗?

乐乐:嗯。

爸爸:这道题两个答案的分歧在哪儿呢?按我刚才说的,你可以先画 2 辆车出来,然后在它们前面画 3 辆车,在它们后面画 3 辆车,在它们中间画 3 辆车,这不就是 11 辆了吗?

乐乐：嗯。

爸爸：但是你的想法呢？我们就不能先画出2辆车来，因为你的2辆车不是固定的。你看，把你的5辆车画出来，"两车前面有三车"，这2辆车指的就是后面的2辆车；"两车后面有三车"，这2辆车……

乐乐：指的是前面的2辆车。

爸爸：对。"两车中间有三车"呢？

乐乐：是最前面的1辆车和最后面的1辆车，合起来2辆车。

爸爸：对。你看，三句话啊，你这2辆车就变了3次。每次都不同，是不是？

乐乐：呵呵。

爸爸：两种答案的区别，看出来了吗？有没有哪一种答案是错的呢？

乐乐：没有。

爸爸：两种答案都是对的。那么两种答案的区别在哪儿呢？关键是你怎么理解那"两车"。那"两车"是不是固定的，题目上有没有说呢？

乐乐：没。

爸爸：所以在这种情况下，你要是觉得它们是固定的，答案就是11辆。你要是觉得它们不是固定的，答案就是5辆。所以它们的区别就是这"两车"是固定的还是不固定的。明白了吗？

乐乐：嗯。

爸爸：这个在我们的生活中，在我们的成长中，有类似的情况。比如有的人对别人、对自己都是同一个标准。有的人对自己是一个标准，对别人又是一个标准。我们对自己、对别人，都要一样。甚至要想让自己成长得更好一些，我们对自己的要求还要……

乐乐：更严格一些。

爸爸：对别人呢，要更宽容一些。

乐乐：嗯。

爸爸：就是要"严于律己，宽以待人"。

乐乐：我懂！

爸爸：这就是说，要么就同一个标准，要么就对自己严一些，对别人宽一些。你不能反过来，对别人严一些，对自己宽容一些，那就很不利于自己成长，明白吗？

乐乐：明白了。

爸爸：这就是这道题关于 2 辆车该不该固定所引发的成长启示。所以这些数学题啊，我真的觉得很好。只要多思考，你就会发现它里面蕴含着好多成长的道理。是不是？

乐乐：是啊。

爸爸：要不然你遇到事儿的时候，爸爸妈妈再来教育你的话，你会感觉很烦的，是不是？

乐乐：嗯。

爸爸：但是我们做这样的数学题，就没有批评谁。所以，通过做这些数学题来反思我们的成长，可能效果更好一些，对不对？

乐乐：嗯。

爸爸：我们发现这道题有两种答案。为什么呢？这是因为它的描述不够清楚。它没有说这"两车"到底是固定的还是不固定的，是吧？

乐乐：嗯。

爸爸：这个儿歌式的描述是含糊的。在日常生活中，我们有时对一件事情的描述可能会让别人误解：我们心里想的是这样的，我们说出去的话，自认为已表达清楚了，但是，别人听了，理解就不一样。乐乐，你举个例子看。

乐乐：我……我就说做题吧。有时候我明明想的是正确的答案，但是写上去的却是错误的答案，我都不知道为什么我写的不是我想的。

爸爸：很可能是不专心。你看，明明想的是这样的，但是写出来却是那样的。我记得你上次有个题，算的是 16 元 5 角，但是答的时候写的是 15 元 5 角。所以不管什么原因，你总归是没把自己的想法表达正确，对吧？

乐乐：嗯。

爸爸：这是客观地出了错。还有时候说的话是有歧义的。

乐乐：有歧义？

爸爸：就是一句话有两个意思。

乐乐：一句话有两个意思？哦，我想起来了有个词。

爸爸：说吧。

乐乐：方便。它可以表示便利的、适宜的，也可以表示上厕所。如果叶子严对我说"你方便的时候和我一起拍个照，行吗？"我会以为她要在上厕所的时候和我拍照，哈哈。

爸爸：是吧。所以有的时候，你以为你说的话是你这个意思，但是别人以为是另外一个意思，对不对？

乐乐：嗯。爸爸你看这段："你的牙齿真好看。""哦，那是假的。""啊，真的假的？""真的。"

爸爸：那这牙齿是真的还是假的？

乐乐：假的。他问"真的假的"意思是问那句话是真的还是假的。

爸爸：对。这些例子就是在跟我们说，我们很多时候呢，描述跟事实并不是那么贴切的。语言文字这个东西，很容易不精准，而且还容易表现出多个意思，有些干扰，是不是？

乐乐：是。我想起你以前说的那个"这鱼很好吃，但是又不好吃。""好吃"是鱼肉好吃，"不好吃"是鱼刺很多，吃起来麻烦。

爸爸：所以鱼还是好吃的，对不对？

乐乐：对。

爸爸：所以，语言文字，一个是容易有干扰；二个呢，有时候我们的语言表达能力不够，表达不清楚；三个呢，有时候跟能力无关，就是我们想的都对，但是说出来是错的，说的跟我们想的不一样。写的跟我们想的不一样，也是这种情况，对不对？

乐乐：对。

爸爸：好，这道题就讲到这里。它告诉我们两个道理，我们要好好落实：一是在生活中，要么就同一个标准对待，要么就严于律己，宽以待人。二是我们要锻炼自己的表达能力，还要提高自己的理解能力，要透过表面的描述去寻找背后的实质。

乐乐：好的，爸爸。

23
蹚水

乐乐第一次来到小河边，她兴奋地蹚着水跑到对岸，又蹚着水跑回来。一个下午，乐乐来回跑个不停，共渡了 18 次河。请问她此时是在初来时的岸边还是在对岸？

✏️ 讲解

爸爸：乐乐想清楚了吗？想好了就讲讲吧。

乐乐：好。我觉得是在初来时的岸边。因为渡 1 次河是到对岸了，渡 2 次河是在原来这边，渡 3 次河又到对岸了，渡 4 次河又回到原地。我发现渡单数次河都在对岸，渡双数次河都在原地，18 是双数，所以是在原地。

爸爸：对。蹚过去算一次，蹚回来又算一次，一去一来是两次，等于又回来了。那 18 次就是 9 个两次，所以还是在原来的岸边。题目就这么简单，是吧？

乐乐：嗯。

爸爸：这是一种直接要结果的题目。

乐乐：嗯。

爸爸：那我们做判断题、做选择题，都是直接给结果的题目。哪怕你想的时候眼看就要想对了，只错了最后那一点点，但是也不会得分，对吧？

乐乐：是的。

爸爸：若是应用题，你第一步对了，第二步对了，就是第三步错了，还是会有一些分的对不对？所以我们的学习中，有些题目是只看结果的，有些题目是要看过程的。那你说在我们生活和成长中，哪些事情是只看结果的？哪些事情是要看过程的？

乐乐：……

爸爸：问多了是吧？那就先说一件过程没有任何意义，只有结果有意义的事吧。

乐乐：嗯……考分算吗？

爸爸：考分算。将来，你们要从小学升到初中，会有不同的学校选择。从初中升到高中，再升到大学，更会有不同的学校选择，甚至没有学校选择。那学校靠什么选你们啊？

乐乐：靠题目选。

爸爸：对。靠题目，靠分数，都是一个意思。都只靠你最后那一次考试的成绩，对不对？

乐乐：对。

爸爸：所以这样的事，它就属于只看结果的。当然我们自己的话，如果没有过程，也就不会有结果，对不对？

乐乐：嗯。

爸爸：那有没有啥事儿不光看结果，还看过程的呢？

乐乐：拿三好学生奖状算不算？

爸爸：算，这个是要看过程的。三好学生也好，优秀干部也好，要看整个学期的表现，对不对？

乐乐：是的。

爸爸：所以，假如遇到一些只看结果，然而结果对我们来说不够理想的，我们心里要明白，过程对我们自己来说还是很有意义的。比如说你二年级是班长，还经常领诵和主持，但是这学期转学过来了，老师没选你当班干部，几次活动也没叫你领诵和主持，是不是？

乐乐：嗯。

爸爸：有什么关系呢？你的朗诵本领难道因此就下降了吗？没有吧？

乐乐：没有。

爸爸：是啊。至于班干部，你二年级的班长不也是从一年级的小组长到课代表到中队委到副班长慢慢儿锻炼上去的嘛，是不是？

乐乐：嗯。

爸爸：所以这个时候，越要把过程搞得更认真、更努力。这样，你才能在下一次看结果的时候获得更好的成绩。

乐乐：嗯。

爸爸：好，这道题就讲到这里。它教了我们一个道理，就是有些事虽然是只看结果的，但过程还是有意义的，要努力做好。

乐乐：嗯。

24
竹子

题目

乐乐想长高，她在自家院子里的一根翠竹上画了一个与她等高的记号。半年过去了，乐乐长了 3 厘米，可她惊讶地发现，翠竹上的记号居然比她还高 10 厘米呢。小朋友，你知道这是怎么回事吗？

讲解

爸爸： 乐乐想清楚了吗？想好了就讲讲吧。

乐乐： 好。我们人会长高，那根翠竹也会长高。

爸爸： 对。你在长高，竹子也在长高，它比你长得还快些，是吧？

乐乐：是。

爸爸：所以这可以引起我们思考。很多东西是会发展变化的。你举举例，啥东西不变，啥东西可以变？

乐乐：人必须得吃东西，我是个女孩子，爸爸是男生。

爸爸：对。所以，有些不变的东西你就要接受，就要强化这个观念。

乐乐：对。

爸爸：比如交通规则。交通规则规定了靠右走，规定了红绿灯，这是不能改变的，所以必须遵守交通规则，到哪个国家都得遵守。要是想怎么走就怎么走，那人走的时候，车也想走呢，人和车那不都挤到一块儿去了？所以要按照规则走，就会有秩序，不会混乱，才能更安全。知道吗？

乐乐：知道。

爸爸：所以讲文明礼貌，遵守法律法规，这些是不能变的。再比如，爸爸妈妈对你的爱，这个是不会变的。但是爱你不表示不会有情绪，有情绪的时候也会讨厌你，明白吗？

乐乐：明白了。

爸爸：好。还有些东西是会变的，你不要把它当成不变的。比如说我们的成绩，会垮，也会升。你要是努力认真地学习，成绩就会升，对不对？

乐乐：是啊。

爸爸：你要是一骄傲，一放松，它就会垮下来。所以要懂得，有些是不变的，有些是会变的。明白没？

乐乐：嗯。

爸爸：这是第一条道理。第二条呢，我们要注意，我们跟别人比较，这是难免的。那么跟什么比较？是跟变化的比较，还是跟不变的比较？结果是不同的，所以要注意分析。比如，你的学习就跟叶子严来做个比较。

乐乐：好。

爸爸：去年你是 95 分，她是 96 分，她多你 1 分。你今年只有 89 分，但是她只有 87 分，你还多她 2 分。你能高兴吗？

乐乐：不能。

爸爸：是啊。可是有的人居然能高兴，这就高兴错了，是不是？她这是跟变化的去比较。这不该跟变化的比较。

乐乐：要跟以前的去比较？

爸爸：这应该跟 100 分比较。上一次我差 5 分，这一次我都差 11 分了，我还有什么可骄傲的？还有什么可高兴的？所以有些情况下，你要跟不变的进行比较，对不对？但是也有一些情况要跟变化的进行比较。

乐乐：哪些情况？

爸爸：比如说，上次考试，你们两个，你 90 分，她 80 分。这次，你 92 分。你要跟上次比较的话，你进步了，是不是？你该高兴了吧？

乐乐：是啊。

爸爸：但是一看，她上次 80，这次 90 了。她进步这么大，你进步才这么点儿，那这个就不对劲儿喽。

乐乐：她然后就会追上我。

爸爸：这个时候，就要选择跟变化的比较，反倒更能督促自己进步，是不是？所以，是跟变化的比较，还是跟不变的比较，自己要去好好琢磨。

乐乐：哦。

爸爸：怎样才能让你进步更大，才能督促你更有上进心？这些是要自己去衡量的，知道吗？

乐乐：嗯。

爸爸：这不是固定的。有些时候要拿变化的比较，有些时候要拿不变的比较。这些在你关注自己成长，有成长意识之后，你就知道该怎么做了。

乐乐：哦。

爸爸：你慢慢儿在长大，也不要什么东西都让爸爸妈妈教，让老师教。老师和爸爸妈妈也不是天天跟着你一起的，也关注不到那么多，你自己要慢慢儿慢慢儿建立起成长意识。自我成长的意识建立起来之后，就不用爸爸妈妈督促，你就能自己进步了，知道吧？

乐乐：嗯。

爸爸：好，这道题就讲到这儿。简单回顾一下，这道题教给我们两个道理：一个是有的东西会变，有的东西不变；还有一个是你要从自己的进步出发，看看什么时候该跟变化的进行比较，什么时候该跟不变的进行比较。明白了吗？

乐乐：明白。

25
分糖

题目

乐乐带了些同学来家玩，妈妈拆了一袋 50 颗糖果给她们，随口问她们："请你们 9 个孩子分光这些糖，而且每个人分到的糖果都必须是单数，谁来分一下？"大家积极响应，可是谁也没有成功。这是怎么回事呢？

单数哟~

讲解

爸爸：乐乐想清楚了吗？想好了就讲讲吧。

乐乐：好。我觉得它可以分成功的啊。

爸爸：你觉得可以分成功，那你给个方案出来。

乐乐：我觉得一轮一轮地分。第 1 个人分 1 颗，第 2 个人分 1 颗，就这样一直分。分到后面剩下的，再来一遍，会把它分完的啊。

爸爸：我觉得你可能没想清楚哦，妈妈要求"每个人分到的糖果都必须是单数"。这样，按照你想的一轮一轮地分。首先一人给 1 颗，这是第一轮，对吧？

乐乐：嗯。

爸爸：然后第二轮。要想保证她们分得的糖果是单数，那你只能再给她们多少颗？单数还是双数？

乐乐：只能每人再分两颗。

爸爸：第一轮分出去了 9 颗，我手上还有多少颗？

乐乐：还有 41 颗。

爸爸：这 41 颗我就按最小的双数给，好吗？我给了你之后，你愿意分给谁随你便。我每次给你两颗糖果之后，你只能分给一个人，明白吗？

乐乐：嗯。

爸爸：好。我给你两颗，行吧？我再给你两颗，还是满足条件。我再给你两颗……我一次只能给两颗，对不对？好，那我手上 41 颗糖果，能给多少次出去？

乐乐：41 颗糖果，五九四十五，四九三十六……

爸爸：等等，等等。我两颗两颗地给，不是说每一次都分给九个人。我一轮只给你两颗糖果。

乐乐：一轮只发两颗糖果？

爸爸：对，一轮只发两颗糖果。这两颗糖果你拿到之后只能给一个人，给一号也行，给七号也行，给九号也行，明白没？但是你不能八号给一颗，九号给一颗。

乐乐：嗯。

爸爸：这样就能保证，不管谁得到这两颗糖果，她都是单数颗糖果。所以我手上这 41 颗糖果，还能给多少轮？

乐乐：20 余 1。

爸爸：所以我还能给你 20 轮，对不对？给了 20 轮之后，这些小孩每个人手上都是单数，对吧？

乐乐：那她们不一样多呀？

爸爸：我不管你这 20 轮到底给了谁，只要她们都是单数就行。至于具体怎么分配，跟我无关，跟这道题完全无关。也就是说，谁分到了几颗糖果，对于这道题来说，一点儿都不重要，明白没？

乐乐：明白了。

爸爸：我只保证每一轮不管是谁收到糖果，她一定是完完整整地收到两颗。保证她手上一直是单数，这才是关键。

乐乐：明白。

爸爸：这样一来我们就发现，为了保证她们都是单数，我只能两颗两颗地一轮一轮地给，对不对？

乐乐：对。

爸爸：好，给到最后，我手上只剩 1 颗了，给不出去了。50 颗给不完了。

乐乐：还剩 1 颗。

爸爸：所以这道题没办法分完。既然分不完，我们就得承认这个客观事实，然后再来分析为什么分不完。我们刚才是一轮一轮给的，好像有点儿看得不够清晰，对不对？

乐乐：嗯。

爸爸：现在你再来看，总共 9 个小孩，每个小孩的糖果都要是单数，那么将糖果全部加起来就是 9 个单数加起来，对不对？结果会是双数吗？

乐乐：9 个单数加起来？

爸爸：搞不明白了？那我们慢慢儿来。先看啊，单数加单数等于什么数？

乐乐：单数加单数等于双数。

爸爸：双数加单数呢？

乐乐：双数加单数等于单数。

爸爸：这明白了没？

乐乐：嗯。

爸爸：好，我们再来看，3 个单数加一起得什么数？

乐乐：3 个单数，嗯，还是得 1 个单数吧。

爸爸：对。首先拿两个单数相加，得到什么？

乐乐：两个单数相加，得到 1 个双数。

爸爸：那双数再加第三个单数呢？

乐乐：得到 1 个单数。

爸爸：所以 3 个单数相加得到单数，对吧？

单数+单数=双数

双数+单数=单数

∴ 单数+单数+单数=单数

乐乐：对。

爸爸：那5个单数相加呢？也就是在刚才3个单数相加得到单数的基础上再加两个单数。

乐乐：5个单数相加，那就拿1、1、1、1、1来表示，结果还是个单数。

爸爸：好吧，你喜欢用这种方法，挺好的。那7个单数相加呢？

乐乐：那就拿7个1相加，还是单数。

爸爸：9个呢？

乐乐：9个1相加，还是单数。

爸爸：所以9个小孩，每个人的糖果都要是单数，那加起来呢？就成了9个单数相加。结果是单数还是双数？

乐乐：9个单数相加，结果是单数。那就不可能是50颗啊。

爸爸：所以分不完啊，清楚了吗？

乐乐：嗯。

爸爸：做这道题，首先有个什么问题呢？那就是你不能想着平均。你首先想平均的话，方向就完全想歪了，是不是？

乐乐：是加戏吗？

爸爸：嗯……有点儿像加戏。你给自己多加了个条件，妈妈本来就没说这个条件。题目中没要求，你就不要强行让人家去平均，明白没？在生活中也是这样，不需要自己给自己设置障碍。

乐乐：嗯。

爸爸：在这个社会上，有太多太多的资源都不是平均分的，没法平均分。所以平均这个事啊，在这个世界上，在你成长过程中，是很难得的。爸爸妈妈会把两个苹果平均分给你和妹妹，一人吃一个。过年给压岁钱，也会给你200元，妹妹200元，一样多是不是？绝对不能说一个人给多，一个人给少，是吧？

乐乐：那是绝对不能的！

爸爸：这属于家里的生活小事。或者说，这是资源多于所需要的资源的情况。但是在社会上，往往遇到的情况就是资源不够的情况。举个简单的例子，你们这所小学，在县里算好的，对不对？

乐乐：对。

爸爸：那整个县里的小孩难道都不想上这所小学吗？你这所小学，你看你们班都塞了80人了，但县里还有好多小孩没上到这所小学，是不是？他们想不想到这儿来上啊？

乐乐：想。

爸爸：当然想，但是资源不足，对不对？

乐乐：或者在别的地方再开一所。我跟你说，我们学校还在建一个新教学楼。

爸爸：你要有足够优秀的老师才行，这才是学校的根本。不是说你建一个学校之后，大家都往这个学校跑就可以了。

乐乐：没有老师教。

爸爸：所以是老师的资源不足。这个时候就没法平均分，对不对？不能平均要怎么办？各靠各的本事。最后要落到你自己的能力、落到你自己的本事、落到你自己的表现上。所以自己能努力的地方，那就好好努力，去获得那些较少的资源、不够分的资源。而在自己努力不了的地方、超不过别人的地方，该怎么办？那就不要跟别人比。比如，爸爸能跟那些球星比打球吗？

乐乐：不能。

爸爸：能跟那些歌星比唱歌吗？

乐乐：不能。

爸爸：那爸爸整天生气行吗？

乐乐：不能。

爸爸：对，这样生气就没意思。

乐乐：你可以跟别人比学习，你的学习是很好的。

爸爸：可以比学习，可以比思想，还可以比教育小孩，对不对？

乐乐：嗯。

爸爸：所以，有些是不能比的。你怎么都提高不了的，你没精力去提高的，就不要去在意。

乐乐：比方说自己的岁数，你每过一年只会长一岁，你想让自己噌噌噌地长大，不可能。

爸爸：同样地，爸爸想让自己再年轻呢？不可能。

乐乐：嗯。

爸爸：而9个小孩都要分单数颗糖果，还想分光50颗糖果，这件事情不可能，它不是你努力就能做到的。所以这提醒我们，什么是理想，什么是梦想，或者说，什么是我们能够去实现的目标，什么是我们完全实现不了的空想。

乐乐：不能让自己变成一颗扣子。

爸爸：对。你可以说：我设立一个目标，我将来想成为一名宇航员，我可以坐着飞船到月亮上去。可以实现吗？还是有可能的。那我就要好好学习，好好锻炼身体。对不对？

乐乐：对。

爸爸：但如果我说我设立一个目标，就是他们这些人都坐着宇宙飞船到月亮上去，我将来自己飞上去。

乐乐：哈哈哈哈。

爸爸：有没有这样的小孩？

乐乐：有。

爸爸：真有。那这样就怎么样了？

乐乐：白日做梦！你又没有翅膀。

爸爸：这事儿你有翅膀都不行，出了地球大气层就没有空气了，你挥动翅膀，它也不会往前跑了。

乐乐：你压空气，空气才把你往前推啊。

爸爸：你可以把它作为一个幻想存在自己脑海中，当自己特别特别辛苦、特别特别累、特别特别苦闷的时候，让自己开心一下。但你不能拿这个幻想当真的。还有一种，似乎看起来、听起来有可能，就是买彩票中大奖发家致富。表面上看起来好像有这个可能，对吧？只要你花两块钱买彩票，谁都有这个可能，但是这个可能就跟没有是一样的，几乎为零。你别当真，你要当真了，那你就悲剧了，对吧？

乐乐：嗯。

爸爸：所以在我们的成长中，不要怀那么多的侥幸心理。侥幸心理要不得，特别是在安全上，比如过马路……

乐乐：你不要怀着侥幸心理说，哎哟，红灯了，但是没车呀，过吧。

爸爸：对，红灯是一定不要去闯的。你不要想着，别人会看到我的。呵呵，侥幸或早或晚会变成不幸的。我现在不跟你谈红灯，我跟你讲绿灯。就是绿灯的时候，你过马路也要左右看。

乐乐：绿灯要左右看？

爸爸：绿灯你也要左右看。你不要认为绿灯了，我就往前冲啊、随便走啊。别这么想。你只保证了你自己遵守交通规则，你没保证别人遵守交通规则。

乐乐：哦。

爸爸：我们自身的安全，一定要注意点不要有侥幸心理。

乐乐：嗯。

爸爸：好，这道题就讲这些。简单回顾一下，这道题教给了我们三个道理。第一，不要加戏。第二，资源往往不足，不会平均分，你得自己努力去争取。争取不了的地方，不要在意，幸福生活就好。第三，要有理想，但是不要空想，不要靠侥幸过日子。

乐乐：嗯。

26
带谁

✏️ 题目

在没人管理的情况下，狗会咬兔子，兔子会吃胡萝卜。农夫要带着狗、兔子、胡萝卜过河，但船太小，一次只能带一样，请问如何渡河？

✏️ 讲解

爸爸：乐乐想清楚了吗？想好了就讲讲吧。

乐乐：好。这个题知道狗会咬兔子，兔子会吃胡萝卜，那想一下，狗会不会吃胡萝卜？这一题没有说狗会吃胡萝卜，所以要把兔子给带走。

爸爸：然后呢？

乐乐：再把胡萝卜带过去，顺手把兔子再带回来。然后呢，把狗带过去，最后把兔子带过去。

爸爸：很好！我们捋一下啊，第一次是把兔子带过去，空船回来。第二次带狗也行，带胡萝卜也行。带过去之后，把兔子带回来。第三次要把兔子留在这边，把胡萝卜带过去。最后空船回来，把兔子再带过去。容易吧？

乐乐：嗯。

爸爸：这里有两个问题。一个就是，第一步我们为什么要带兔子？

乐乐：因为不带兔子，假设你带胡萝卜的话，就剩下狗和兔子，狗会去咬兔子，兔子就没了；如果你带狗过去的话，兔子又会把胡萝卜给吃了，胡萝卜就没了。

爸爸：总共三样，有两组伤害案例。这里边谁参与了两组呢？

乐乐：兔子。

爸爸：在狗和兔子的伤害案例中，兔子是受害者。在兔子和胡萝卜的伤害案例中，兔子是施害者。但不管怎么说，唯一参与两件事的就是兔子。

乐乐：对。

爸爸：兔子，就叫作症结所在。

乐乐：症结所在？

爸爸：症结是什么意思呢？也就是比喻事情变坏或不能解决的关键。在这里，事情能不能解决的关键就在兔子身上。

乐乐：兔子既可以害人，也可以被害。

爸爸：所以，这个关键就在兔子身上。我们第一步带的就是兔子，它是问题的症结，就是两件事它都参与了。你把狗和胡萝卜随便拿走一个，只能解决一件事。只要有兔子在，总有一件事是解决不了的。只有解决兔子，两件事才能都解决了。

乐乐：嗯。

爸爸：这是给我们的第一个启示，就是以后我们遇到问题的时候，要找问题的症结所在。

乐乐：就是问题的关键。

爸爸：对。这一堆问题为什么解决不了，关键到底在哪儿？你把这个关键处理好了……

乐乐：这个事就解决了。

爸爸：找准了问题的症结，看似复杂的问题也都会变得简单了。看似解决不了的问题，其实也没有你想象的那么糟糕。

乐乐：嗯。

爸爸：我们做事情也是这样的。遇到一大堆烦心的事，遇到一大堆看起来眼花缭乱的事，不要着急，先冷静地分析一下，找到问题的症结。

乐乐：嗯。

爸爸：比如说有时候作业布置得可多了，然后爸爸妈妈又叫你做家务，你会怎么样？

乐乐：烦躁。

爸爸：可是为什么会烦躁你想过吗？

乐乐：一想到作业很多，爸爸妈妈还要我做这做那，就烦躁了嘛。

爸爸：这就是没找到问题的症结。我们往往说烦躁是因为能力不足，但是现在你看，作业、爸妈叫你干的活儿，你都会做啊，那到底是什么能力不足呢？

乐乐：咦，是啊。

爸爸：如果这些事情你穿插起来做，可能会让你更愉快。或者有的事情可以同时做，比如淘米的时候不能看书，但蒸饭的时候可以做作业啊。所以问题的症结是你合理安排时间的能力不足。冷静一点，平平和和地多锻炼锻炼就好了，明白吗？

乐乐：明白了。

爸爸：那第二个启示是什么呢？我们发现，你要是只兔子吧，就感觉兔子有时候也挺委屈的：是狗要咬我呀，不是我要咬狗啊！

乐乐：但是你要吃胡萝卜啊。

爸爸：我想吃胡萝卜，我承认，但是狗想咬我，你怎么不管它啊？所以问题的症结呀，并不一定是问题的根源。问题的根源在于狗和兔子，兔子要吃胡萝卜，狗要吃兔子。如果从问题的根源上来解决的话，这个就更公平一些，对不对？

乐乐：对。

爸爸：例如我们可以把狗嘴套上笼子，把兔子头套上笼子；或者我把狗喂得饱饱的，我把兔子喂得饱饱的。所以问题的根源，其实在于狗和兔子要吃东西。如果我把它们的嘴关上，或者把它们喂饱了，这就没啥事了，你说是不是？

乐乐：明白了。

爸爸：这叫作治本。开始那个做法，把兔子拿走啊，那叫治标。

乐乐：治标？治本？

爸爸：治标就是……比如你发烧了，就给你泼一盆冷水，就这样让你不烧了，或者把你泡在冷水里边，让你不烧了，这就是治标。但实际上"本"是什么呢？是你身体里边的细菌。我们要吃点药，把这个细菌消灭，这才叫治本。

乐乐：嗯。

爸爸：这样的话，我们就要注意，要想长久地获得安定，就要治……

乐乐：本。

爸爸：对，要治本。所以这道题要治标的话，守好兔子就行了。要治本的话，就要让兔子不吃或者不能吃胡萝卜了，让狗不吃或者不能吃兔子。

乐乐：嗯。

爸爸：这道题就讲到这儿，它教给我们两个道理，我们简单回顾一下。一个就是，想及时地解决问题，就要先找问题的症结。第二个呢，要是从长远来看，从锻炼本领上来看，要想解决问题，最终还是要解决本。但是我们没有排斥治标噢。

乐乐：嗯。

爸爸：所以一个是问题的症结，一个是问题的根源，这两个都需要好好琢磨。

乐乐：嗯。

27
假钱

题目

星期天，乐乐帮妈妈看店。有个叔叔买了 35 元的方便面，递给乐乐一张 50 元钞票，乐乐找给他 15 元。妈妈回来发现那张 50 元钞票是假钞，于是说："收了假钱，亏了 50 元。又给了他 35 块钱的面，又亏了 35 元。还找给他 15 元，又亏了 15 元。乐乐啊，你看了一会儿店，总共亏了 100 元钱啊。"请问，妈妈说得对吗？

讲解

爸爸：乐乐想清楚了吗？想好了就讲讲吧。

乐乐：好。我觉得妈妈说得不对。因为虽然给的 50 元是假的，但它是别人给的，又不是她亏的，所以这 50 元就等于没给。我觉得先亏了 35 元，因为给了叔叔 35 元的方便面，相当于给了他 35 元。然后乐乐找给他 15 元，又亏了一次。所以是 35+15＝50 元，她应该只亏了 50 元。

爸爸：好，我们来看，按照你的思路，我们总共收了多少东西呢？

乐乐：一张 50 元假币。

爸爸：对，就是收了一张 50 元假币，也就是一分钱没有收。我们给出去了多少东西呢？

乐乐：15 元钱和 35 元的方便面。

爸爸：收进来是 0，给出去是 15+35，对不对？

乐乐：对。

爸爸：所以亏就亏在 15+35 上，这就很清晰了。一个是收进来，一个是支出去，叫收支。

乐乐：嗯。

爸爸：你给了别人 50，然后别人没给你，这不就等于是全亏了嘛。按照商业原则的话，你给人家 50，人家也要给你 50，这才叫等价交换，对不对？

乐乐：嗯。

爸爸：在等价交换的过程中，哪个地方不真实，哪个地方是骗人的，哪儿才亏了。你看题目，他给我 50 元，我给他 35 元的面，再找给他 15 元，这个交易本身有问题吗？

乐乐：没有。

爸爸：唯一亏损的就是他给我的 50 元假钱。所以我们做事情要注意，有时候，只不过是中间某一个环节出了点问题，并不是整个事情都错了、都不该那么做了。不是这样的。

乐乐：嗯。

爸爸：做事情的时候，假如没做好，感觉一团乱麻，我们就要找出哪个地方出了问题。首先就别急着改这个细节、改那个细节，而是看这个事情本身是不是按照做事的常理来的。你举个例子吧。

乐乐：……

爸爸：比如做广播操，前面领操的人快了一拍，那这个时候怎么办？广播喇叭还在响呢。其他的小孩这个时候千万不要管领操的人，你就按正常节拍做，那么做错的就是领操的那个同学，是不是？但是其他的小孩如果头脑一乱……

乐乐：完了，他们班扣分了。

爸爸：完了，整个班做得乱七八糟了，那整个班的分全扣完了。所以遇到这样的事，事情该怎么做，你就还是怎么做。最后呢，谁错了，哪儿错了，也就只有那一点儿错误。

乐乐：错得不多。

爸爸：对，错得不多，就那一点儿错误。要坚持住大的原则，不要因为这个过程中某个环节出错了，然后自己也不再坚持原则了，知道吗？

乐乐：嗯。

爸爸：比如有同学昨天来向我借了一块橡皮没还我，今天又来向我借一支铅笔，还是没还我，那么他就把"借东西要还"的原则破坏了。不能说这点儿东西对我来说没什么，没关系，就给他吧。若是这样，你做事的原则就没啦。你可以提醒他借东西要还，同时也是告诫自己养成良好的习惯。好，坚守做事的原则是这道题给我们的第一点启示。然后还有一点，你看，本来就只有 50 块钱那一点儿错，结果妈妈就说，这儿也错，那儿也错，对不对？这个在我们成长中叫作什么呢？叫作迁怒。

乐乐：嗯。

爸爸：本来就只有一个人惹到我，但我有点不高兴，谁来的话我都不高兴，谁来说我都不高兴。有没有这种情况？

乐乐：有。

爸爸：这就叫作迁怒。再举个例子，今天呢，数学作业特别多，我就很烦，做的时候就心不在焉。好，这样搞，语文作业也不好好做了，英语作业也不好好做了，你说是不是？

乐乐：嗯。

爸爸：你这是把对数学的不开心，给迁移到对语文和对英语上了。

乐乐：对。

爸爸：这就跟把 50 块钱假钱的这点儿不开心迁移得处处都不开心了一样。好，这道题就讲到这儿。它教给了我们两个道理，我们来简单回顾一下。第一个就是要坚守做事的原则，该怎么做就怎么做，不要受别人影响。第二个是不要迁怒。记住了吗？

乐乐：嗯。

28

追赶

题目

乐乐和心慈分别站在标尺刻度 2 和刻度 6 的旁边，乐乐要去追心慈。已知乐乐跑 3 刻度的时间里心慈正好能跑 2 刻度。请问乐乐将在刻度几追上心慈？

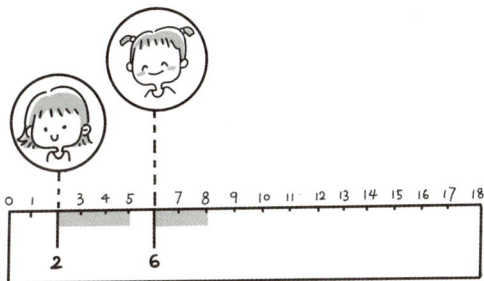

讲解

爸爸：乐乐想清楚了吗？想好了就讲讲吧。

乐乐：好，我画了个图，乐乐先得站在刻度 2 上，心慈站在刻度 6 上，然后她们往前跑。乐乐跑到刻度 5 时，心慈就跑到刻度 8……

爸爸：好，画图，一次一次地跑，是吧？最后结果呢？

乐乐：最后结果是，在刻度 14 她们两个追平了。

爸爸：嗯，就在那儿追上了。好，还有别的想法没？

乐乐：没了。

爸爸：你的这种方法呀，一次一次地在刻度尺上去追，是最直接的方法。但用这种方法就是直杠杠的，很难找到这类题的规律。我给你讲个另外的方法。你这样来想噢，乐乐跑3刻度的时候，心慈跑了2刻度，也就是说，乐乐每跑3刻度，她跟心慈的差距就缩短1刻度，对不对？

乐乐：嗯。

爸爸：那乐乐和心慈总共有几刻度的差距呢？

乐乐：一开始有4刻度。

爸爸：有4刻度的差距。现在，每跑3刻度缩减1刻度，那这4刻度的差距要跑多少刻度才能缩减完？

乐乐：每跑3刻度缩减1刻度，那4刻度就要跑12刻度。

爸爸：对，要跑12刻度，就这么简单。那本来乐乐在哪个刻度上？

乐乐：乐乐本来在2刻度上。

爸爸：在2刻度上，加12刻度？

乐乐：14。

爸爸：就在刻度14这个地方上追上。简单吧？

乐乐：嗯。

爸爸：哪怕心慈在刻度600，这道题我都能马上算出来。一个刻度2，一个刻度600，差多少刻度？

乐乐：$600-2=598$。

爸爸：对，差598刻度。跑3刻度，消1刻度，那要跑多少刻度？

乐乐：598个3刻度。

爸爸：也就是$3×598$，或者3个598相加，没问题吧？

乐乐：没问题。

爸爸：最后加上原来的刻度2，就知道在哪个刻度追上了，简单吧？

乐乐：嗯。

爸爸：这叫规律，这是这一类题的解题方法。

乐乐：嗯。

爸爸：咱们做事情啊，眼光要放得长远一些，就是时间上要拉大长度，别光看现在。然后范围要多考虑一点儿，不要光考虑眼前的这些，也不要只考虑自己一个人，要有大局观。

乐乐：哦。

爸爸：你看这道题，你不要光顾着一轮一轮地画。你要把时间拉长、范围扩大，就会发现，这一轮一轮地画下去，姐妹俩的差距在一格一格地缩小，很快就能找出跑三格缩一格的规律了。

乐乐：嗯。

爸爸：你若只盯着每一轮，不懂得拉长时间，不懂得扩大范围，也就是没有大局观，那你就看不出这个规律，那你做事就是直杠杠的，对不对？

乐乐：嗯。

爸爸：所以有了大局观，做题就容易理清头绪，就容易找到规律。做事时，就能考虑到适不适合这个场合。

乐乐：嗯。

爸爸：所以这道题给我们的第一点启示，就是不能直杠杠的，要眼光放长远一点。要有大局观。格局呀，气魄呀，要大一点，是不是？

乐乐：嗯。

爸爸：还有一个启示，你发现了没有？我们说一个在刻度 2，一个在刻度 6，还不太明显。假如说一个在刻度 2，一个在刻度 60 呢？乐乐比心慈确实跑得快一些，但心慈一开始比乐乐站得远些，一开始，差距就很大。后来乐乐发奋了，心慈呢，还是按照这个进度来。乐乐啊，她的进步就快得很，对不对？

乐乐：对。

爸爸：但是你发现没有？乐乐要想追上心慈，第一，她必须保持这个更快的进步速度，比心慈更快；第二，还要长期坚持，要不然，刚过几天就没那么快的进步了，比心慈慢了，或者哪怕跟心慈一样了，那她还是一直都追不上。是不是？

乐乐：嗯，永远追不上。

爸爸：所以我们发现，很多人的资质、天赋比我们高，而且学习方面已经比我们棒多了。你想要追上别人的话，怎么办？两点：第一，长期坚持；第二，始终要有比人家更快的进步速度，也就是更刻苦、更认真。对不对？

乐乐：嗯。

爸爸：所谓刻苦，举个例子，头悬梁，锥刺股，知道吗？古代有人读书……

乐乐：古代有人读书，他想让自己进步得快，就拿了个绳子绑住他的头发……

爸爸：绳子的另一头系在屋顶上，他一打盹……

乐乐：疼痛就会让他醒来。

爸爸：对。还有锥刺股呢？这是另一个人。他只要想睡觉了，就拿锥子把大腿扎一扎。

乐乐：感觉他们都很……

爸爸：极端。但是呢，你要知道，要想成功，而你又不是资质绝顶的人，不是百年难遇的天才，怎么办？普通人要想成功，怎么办？就得……

乐乐：刻苦努力。

爸爸：付出极端的努力，还不是常规的努力，是非同寻常的努力。明白没？

乐乐：嗯。

爸爸：好，这道题就讲到这儿。它教给了我们两条道理，简单回顾一下。第一条，就是做事不能直杠杠的，要有大局观。第二条，要长期坚持更快的进步速度。

乐乐：嗯。

29

鸡蛋

题目

乐乐去外婆家玩。外婆家养了一只母鸡，每天清早下 1 枚鸡蛋，而家里还存有 9 枚鸡蛋。外婆问乐乐玩几天，乐乐想了想，说："外婆，我们每天吃 2 枚鸡蛋吧，什么时候吃完了我就回家。"请问乐乐准备玩几天？

讲解

爸爸：乐乐想清楚了吗？想好了就讲讲吧。

乐乐：我觉得应该玩 9 天。因为她们有 9 枚鸡蛋在家里，每天清早还要下 1 枚，一天要吃 2 枚，所以第一天吃 1 枚存的鸡蛋加 1 枚生下来的鸡蛋，这么一直吃的话，吃到第 9 天就没了。

爸爸：哦，每天吃 1 枚新下的鸡蛋，再吃 1 枚存着的鸡蛋，是吧？

乐乐：对。

爸爸：好，能吃 9 天，实际上是吃到第 10 天了。因为你来的当天，母鸡不会再下蛋了，它清早就下过了，算在家里存着的 9 枚鸡蛋里了，对不对？

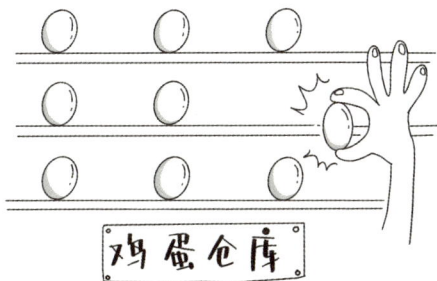

鸡蛋仓库

乐乐：哦，对啊。

爸爸：你这回的方法呀，算是比较巧妙的，那有没有其他方法呢？

乐乐：不知道。

爸爸：我们看啊……

乐乐：数吗？

爸爸：对。先吃存的，那就先算存的9枚鸡蛋要吃几天。

乐乐：最多吃4天。

爸爸：吃4天，还剩1枚，是不是？

乐乐：是啊。

爸爸：吃了4天，这4天又下了几枚鸡蛋？

乐乐：4枚。

爸爸：又下了4枚，加上没吃完的1枚，又有5枚，是不是？

乐乐：嗯。

爸爸：所以4天过后还剩5枚鸡蛋。好，这5枚鸡蛋又能吃几天呢？

乐乐：5枚鸡蛋吃2天。

爸爸：那还剩1枚，是不是？

乐乐：嗯。

爸爸：好，4天加2天，6天了，但是这2天又下了几枚鸡蛋？

乐乐：这2天又下了2枚鸡蛋。

爸爸：又下了2枚，加剩的1枚，所以又剩3枚，是不是？

乐乐：嗯。

爸爸：所以6天过后还剩3枚鸡蛋，对不对？

乐乐：对。

爸爸：这3枚鸡蛋又吃几天？

乐乐：又吃1天，还剩1枚。

爸爸：1天还余1枚。但是吃这1天的话，又得下1枚，那就余2枚，对不对？

乐乐：对。

爸爸：好，6天加1天，吃了7天，是吧？

爸爸：7天之后，还余2枚鸡蛋，对不对？

乐乐：嗯。

爸爸：好，2 枚鸡蛋，明天再把这 2 枚鸡蛋吃了，这共有几天了？

乐乐：8 天了。

爸爸：这就 8 天了。然后当天的话，母鸡还要怎么样啊？

乐乐：下 1 枚。

爸爸：又下了 1 枚，是不是？8 天之后，就只剩刚下的这枚鸡蛋了。本来想的是，以为吃到这一天刚好吃完的话，就准备走的，是不是？结果这天清早，母鸡又下了 1 枚。

乐乐：对。

爸爸：一看，哎哟，还有 1 枚鸡蛋啊，这不能走啊。那就等吧，一定要等到明天早上母鸡再下 1 枚之后，正好 2 枚一吃，吃完走人。

乐乐：哈哈哈哈。

爸爸：硬是把母鸡最后那天早上下的蛋吃完了再走，是不是？

乐乐：哈哈哈哈。

爸爸：这不就 9 天了？但是这样算啊，显得笨拙些。

乐乐：嗯。

爸爸：在我们成长的过程中，有一些笨方法还是要会。

乐乐：因为笨方法是基础嘛。

爸爸：因为笨方法啊，只要踏实、仔细，谁都可以慢慢儿用笨方法算出来。

乐乐：哦。

爸爸：比如第一天。我们是中午去的，要到第二天中午才算是完整的第一天，24 小时，对不对？那这一整天我们要吃 2 枚鸡蛋。这一整天里，母鸡睡了一夜起来，清早要下 1 枚鸡蛋。这一整天之前是有 9 枚鸡蛋，吃 2 枚，下 1 枚，那这第一整天 24 小时之后，剩几枚？

乐乐：剩 8 枚。

爸爸：对，就这么老老实实写，不存在忘了的问题，这就是笨方法。在巧方法想不到的时候，就能派上用场，明白了吗？

乐乐：哦。

爸爸：这里要注意的是，我们说玩 1 天，其实是玩到第二天了，所以我们说玩 9 天，其实是玩到第十天了，对不对？

乐乐：对。

爸爸：而且，我们每玩一天，母鸡都还要下 1 枚蛋。比如说我们玩的第一天母鸡下的蛋，其实是在第二天清早下的；我们玩的第九天母鸡下的蛋，其实是在第十天清早也就是我们要走的那天清早才下的。明白了吗？

乐乐：明白了。

爸爸：所以按开始的巧方法呀，说第一天吃 1 枚陈蛋，再吃 1 枚新蛋，那么这个新蛋最快也只能是第二天的早餐才能吃到，明白了吗？

乐乐：嗯。

爸爸：笨拙一点的方法是挺麻烦的，但它不费智商。态度要认真，不要嫌麻烦，清清楚楚地一天一天去写，一笔一笔去算这个账，是可以的。

乐乐：嗯。

爸爸：有时候突然一下子想不到巧方法，就要用笨方法了。这是第一个启示。

乐乐：哦。

爸爸：第二个启示。我们想想，这道题的巧方法呀，它给人的感觉是很"赶"。

乐乐：赶是啥意思？

爸爸：很匆忙，很紧促，甚至觉得有点儿困窘。有句老话说"等米下锅"，就有这种感觉。

乐乐：啥意思？

爸爸：你看我们刚才说啊，巧方法是每玩一天就要吃 1 枚陈蛋和 1 枚新蛋，可是新蛋呢，你得眼巴巴等着母鸡第二天清早现场下，是不是等米下锅呀？是不是很赶啊？

乐乐：哦。

爸爸：是不是有点儿担心？万一母鸡哪天不下蛋，这巧方法不就乱套了？

乐乐：是啊。

爸爸：所以巧是巧啊，但就觉得这日子过得紧巴巴的。

乐乐：嗯。

爸爸：所以这种方法呀，就显得有点紧凑。同样的道理，学习上也是一样的。你不做好储备，总认为老师教什么我学什么，明明还有这么多新知识、新内容，你就是不愿意学，硬要等到将来老师教的时候再学，那你就始终在那儿赶啊赶，对不对？

乐乐：嗯。

爸爸：每一次考试，你都感觉有点儿为难。但是如果你学在前面——我不是叫你学四年级、五年级的内容，而是你要注意在平时学习过程中要积极地积累你遇到的新知识。这样的话，我们用的时候，才不会那么紧张，才会从容一些。就像先吃陈鸡蛋一样，我永远吃的都是我仓库里的，每一次吃的话，随便拿两个就行了。

乐乐：嗯。

爸爸：我的知识够用，我的知识有富余，就是这个意思。

乐乐：哦。

爸爸：所以你平时写作业，遇到了生字、生词，你就下工夫把字典查一查、翻一翻，不仅把意思都掌握了，还能组词造句。

乐乐：哦。

爸爸：学到这种程度就很好了，就有富余了，那么每次考试的话，你都不会慌张，都不会觉得为难。

乐乐：要有富余的。

爸爸：学习就要像这个笨拙的方法一样，就吃库存里边的。但在学习上，这不叫笨拙，因为要想吃库存里边的，就得赶紧增加库存，对不对？

乐乐：嗯。

爸爸：这个笨拙呀，反映在我们学习上反倒还是好事。

乐乐：嗯。

爸爸：好，今天这道题给了我们两个启示，一个是笨拙和巧妙，一个是从容和紧凑，要好好琢磨琢磨噢。

乐乐：好的。

30
骑牛

✎ 题目

牧童要带 4 头牛过河。他每次都需要骑着 1 头牛，而最多还能再赶 1 头牛。已知 4 头牛各自渡河的最短时间分别为 1 分钟、2 分钟、5 分钟、6 分钟。求牧童让 4 头牛都过河的最短时间。

✎ 讲解

爸爸：乐乐想清楚了吗？想好了就讲讲吧。

乐乐：首先，我让牧童骑 1 分钟过河的牛，赶 6 分钟的牛过河。由于有 6 分钟的牛，所以这次过河需要 6 分钟。然后骑 1 分钟的牛回来，把 2 分钟的牛带过去。

爸爸：等等。骑 1 分钟的牛回来，又过了 1 分钟了。现在 7 分钟了，继续。

乐乐：然后带着 2 分钟的牛过去，又用了 2 分钟。

爸爸：这就 9 分钟了。

乐乐：嗯。再骑 1 分钟的牛过来接 5 分钟的牛。

爸爸：15 分钟了。好。还能更短吗？

乐乐：……不告诉你。

爸爸：你这是过了河就好啊。是不是最短时间，让爸爸说是吧？

乐乐：哈哈哈哈。

爸爸：我们首先来想啊，要想时间最短，过去的时候让慢牛一起，即 5 分钟的牛和 6 分钟的牛一起过去。这样就省时间，对不对？

乐乐：对。

爸爸：这是第一点思考，或者叫原则。第一个原则，就是慢牛要一起过。

乐乐：那再骑这 5 分钟的牛回来吗？

爸爸：别着急噢。第二个原则就是你说的这个问题。回来的时候呢，尽量骑最快的牛。能骑 1 分钟的就骑 1 分钟的，实在不行就骑 2 分钟的，懂了吗？

乐乐：嗯。

爸爸：总之就是回来的时候要尽可能地骑快牛。

乐乐：那按照第二个原则，要把 5 分钟的牛骑回来？

爸爸：回来时，要尽量骑最快的牛啊！5 分钟的牛是最快的牛吗？

乐乐：那牧童总要骑头牛回来呀？

爸爸：这两个原则都要照顾到，这个时候就考验你了。为什么第一次非要让 5 分钟的牛和 6 分钟的牛过去呢？为什么不先让 1 分钟和 2 分钟的牛一起过去呢？

乐乐：啊？

爸爸：我先骑快一点的牛放到对岸不行吗？然后等我将 5 分钟的牛和 6 分钟的牛一起带过去的时候，我可以骑着快牛回来嘛。

乐乐：哦，对啊。

爸爸：你最开始让 1 分钟的牛和 6 分钟的牛首先过河，是想到了回来的时候要骑最快的牛，对不对？

乐乐：嗯。

爸爸：你想到了第二个原则，但是你没想到第一个原则。

乐乐：快牛和快牛一起过，慢牛和慢牛一起过。

爸爸：对，第一个原则就是，快牛我不管，慢牛一定要和慢牛一起过，然后就不让它回来。

乐乐：不让它回来。

爸爸：对，慢牛和慢牛一起过，这个原则你没建立起来。然后回来的时候就是你讲的，是快牛回来。这种事啊，就跟你平时生活中、成长中是一样的，有的时候不要光顾着自己这一方面，也要注意到老师的要求，注意到爸爸妈妈的要求，对不对？

乐乐：嗯。

爸爸：特别是几个小朋友一起合作，办一件什么事的时候，就不要光想着自己。就比如……我记得你第一次到叶子严家玩的时候，差点儿因为一些小事打架吧？所以你去玩啊，就没想好，两个人在一起玩，起码有 2 个原则：一是要自己开心，二是要让那个小朋友也开心，对不对？

乐乐：这要怎么做？

爸爸：就不能像刚才你做这道题，两个原则你只看到一个，对不对？怎样做到这两个原则？首先要尊重别人。尊重别人的想法，尊重别人的说法，尊重别人的做法，尊重别人做出来的东西。其次要注意宽容。

乐乐：但是也不能百依百顺吧。

爸爸：没说百依百顺。宽容的意思是，对于别人无心犯的错和能力不足犯的错，我们要宽容。

乐乐：哦。

爸爸：首先是以尊重为前提，就不会指手画脚，不会强求别人。然后是注意宽容。最后是注意合作。你再琢磨琢磨看，做到尊重、宽容、合作，是不是能让自己也开心，让别的小朋友也开心？

乐乐：嗯。

爸爸：否则的话，就只能像平时爸爸妈妈让你带妹妹玩一样。你强势的时候，就只有你自己开心，妹妹就不开心；爸爸妈妈强势的时候，就只能妹妹开心，你就不开心。对不对？

乐乐：嗯。

爸爸：再举个例子，你和叶子严头一回打雪仗的时候，差点儿打成真的了。哎呀，她打到我脖子里了，我也要打到她脖子里去。哎呀，她多打了我一个雪球，那不行，我也要把最后一个雪球补上去。现在想想，多幼稚啊，是不是？

乐乐：哈哈哈哈。

爸爸：完全就没想着怎样让双方都开心。要是下次再打雪仗，还会闹矛盾吗？

乐乐：那可不一定。

爸爸：哈哈。好吧，回到题目中来。过去的时候要让两头慢牛一起过，回来的时候骑最快的牛。方法是先让两头快牛一起过河，这样花了 2 分钟。然后骑最快的牛回来，又花了 1 分钟。共 3 分钟了。

乐乐：嗯。

爸爸：然后把两头慢牛带过去，花 6 分钟。共 9 分钟了。然后骑最快的牛回来，即 2 分钟的牛。共 11 分钟了。

乐乐：对。

爸爸：最后把这 2 头牛一起带过去，又花了 2 分钟。共 13 分钟。13 分钟就解决了这个问题。

乐乐：哇！

爸爸：这是最快的一种方式了，两条原则都遵守了。

乐乐：嗯。

爸爸：所以，这就是这道题的第一个启示。遇到事的时候，我们首先要注意，这个事情到底要遵守什么原则。

乐乐：嗯。

爸爸：比如小朋友在一起玩，遵守什么原则？就是自己要玩得开心，小朋友也要玩得开心，对不对？

乐乐：嗯。

爸爸：这是原则，是绝对不能破坏的。破坏了之后，那等于说你们在一起就不成功了，对不对？有人不开心了，就是不成功。所以这个原则是必须把握住的。怎样把握住这个原则，就要自己想办法了，对不对？

乐乐：嗯。

爸爸：先建立原则，是做事情的时候首先要考虑的。这个原则绝对不能破坏。然后想想，怎样才能遵守原则，不违背它。

乐乐：嗯。

爸爸：同样的道理，你们小朋友一起学习、一起成长的过程中，成长理念是不一样的。

乐乐：成长理念是什么意思？

爸爸：成长理念就是他想按照什么样的方式去成长。为什么说成长理念不一样呢？因为你们的理想不一样。比如说，有的小朋友想当医生，有的小朋友想当科学家，有的小朋友想当商人，有的小朋友想当官，有的小朋友想当艺术家，还有的小朋友想当运动员。所以，你们的成长理念不一样。换句话说，你们所重视的东西、所关注的东西不一样。

乐乐：哦。

爸爸：所以小朋友间就要相互尊重，相互宽容，相互合作。只要你尊重他人、宽容合作，你就会发现，不同理念、不同原则的人都能融到一块儿，这样才是交朋友、互相督促成长之道，对不对？

乐乐：嗯。

爸爸：并不是说科学家的朋友全是科学家，运动员的朋友全是运动员，不是这样的，知道吧？

乐乐：嗯。

爸爸：好，这是第一点启示。第二点启示，我们看具体细节。你说这头1分钟的牛啊，它是最勤奋、最努力、最优秀的。你说它跟着谁搭伙过河，它都吃亏得很，对不对？

乐乐：对。

爸爸：它很快就能过河，但是因为别人过得慢，它没办法很快过河，对不对？

乐乐：别人拖它的后腿。

爸爸：这种情况下它就有劲儿都使不出来。如果它能够帮助别的牛，它就使点儿劲，扯着别的牛走，不也能快点儿吗？对不对？

乐乐：但是不行啊。

爸爸：这道题设计的就是不接受帮助。

乐乐：嗯。

爸爸：现实中，真有人就不接受别人帮助的。我不是告诉过你吗？很多同学15岁之后就很难再接受别人帮助了。

乐乐：叛逆。

爸爸：不是叛逆不叛逆的问题，而是到那个时候他已经形成了很多对社会的认知了，他觉得社会就是这样的，他觉得成长就是这样的。

乐乐：现在有的大人也是这样。

爸爸：对，大人小孩都是一样。过了 15 岁之后啊，人越来越容易只钻到自己的这个想法里边去了。从好的方面来看，这叫作自信，叫作我的地盘我做主，我的成长我负责，对吧？但是从坏的方面来看，真的就叫作顽固不化。

乐乐：老顽固。

爸爸：不光是老，小也是一样。过了那个年龄段之后啊，他积累得已经够多了，然后他就很难听进别人的建议了，知道吗？

乐乐：嗯。

爸爸：从这道题想开去，能帮助别人，别人愿意接受帮助，其实是一种幸福。别人不愿意接受帮助，而你还必须跟他一块儿的时候，那是真的头疼。

乐乐：嗯。

爸爸：再回到这道题。比如将来你跟朋友们一起合作，或者现在你跟爸爸妈妈一起成长，总之是在一个小群体里边，如果你是快的牛，而别人不接受帮助的话，你怎么办？要能够包容、忍耐，知道吗？

乐乐：哦。

爸爸：如果你是慢的牛，就不要那么牛气，不要那么固执。首先要勇敢地接受帮助，然后呢，再进一步，要善于接受帮助，知道吗？

乐乐：嗯。

爸爸：所以你现在啊，在家里边应该属于慢的牛。

乐乐：啊？

爸爸：爸爸妈妈毕竟比你能干一些，对不对？所以这个时候，你要谦虚一点，要勇敢地接受爸爸妈妈的帮助，而不是勇敢地跟爸爸妈妈顶撞。

乐乐：哈哈。

爸爸：顶撞，那真不叫勇敢，那不是真的勇敢。

乐乐：还有的人不是因为太固执了，而是怕别人笑话他。

爸爸：那就勇敢一些嘛，那才叫勇敢，知道吧？我本领长了就行了。明白没？

乐乐：嗯。

爸爸：你要是本领不长，你就算今天逃过别人笑，迟早也还要被别人笑回来。你本领没长嘛，早晚会闹笑话，对不对？你藏不了一辈子，对吧？

乐乐：对。

爸爸：你长了本领，虽然这一次别人笑你了，但是后面别人还会再笑你吗？

乐乐：不会，而且会夸你。

爸爸：所以呀，如果我们是一头慢牛的话，一定要端正自己的态度，要谦虚、勇敢，对不对？

乐乐：嗯。

爸爸：好，这是第二点启示。还有啊，第三点启示。你发现没有？那两头过河快的牛啊，被安排跑了好几回。

乐乐：嗯。

爸爸：过河慢的牛，只要自己过去就完事了，但是过河快的牛呢，跑来跑去跑了好几回，这个公平合理吗？

乐乐：不合理。

爸爸：但是生活中有很多这种现象，你越是能力大，越是交给你很多事让你做。

能力越大 责任越大！

乐乐：比如你越是班干部，职位越大，就有越多的任务交给你。

爸爸：所以这个地方有一点问题，就是怎样去理解"能力越大，责任越大"这句话。能力越大，责任越大，越应该去做……不是做多，而是越应该去做最困难的事，明白没？

乐乐：哦。

爸爸：不是多做事，而是做最困难的事。很多人把它理解错了，认为是多做事。啊，你能力大嘛，这事就你去做。啊，你本事强嘛，这事交给你去做。不能够这样，明白没？遇到这种情况要抵制。

乐乐：嗯。

爸爸：不能够说，任何一个人都能做的事全交给班长去做。就因为我是班长，这些事都交给我去做？这样不对。

乐乐：嗯。

爸爸：如果这样的事做多了，你可以跟老师好好去说，或者说哪个同学这么要求你的话，你可以跟她讲这个道理，明白没？

乐乐：嗯。

爸爸：如果用很小很简单的事把能力强的人埋在里边了，那我问你，那些困难的事谁去做？能力不行的人做不了，能力行的人又被你们用这些小事埋在里边了，时间都花在里边了。

乐乐：嗯。

爸爸：所以呀，能力强的人不是应该多做事，而是去做最困难的事，这才叫作"能力越大，责任越大"。

乐乐：嗯。

爸爸：能力越大的人要担负更大的责任。那么什么叫作担负更大的责任？不是多做事，而是做……

乐乐：做难的事。

爸爸：做别人做不了的事。

乐乐：难的事别人做不了，不难的事别人可以做。

爸爸：对。这么解释这句话了之后，大家都有事做了。也就是各尽所能，每个人都尽力了，每个人都贡献了自己的能力。

乐乐：嗯。

爸爸：好，这道题就讲到这儿。它教了我们三个道理，简单回顾一下。第一个，一件事情特别是合作的事情，要遵守的原则往往不止一个，我们都要照顾到，都要不违背。第二个，如果自己更优秀，要多点宽容，特别是别人不愿意接受帮助的时候，要多点忍耐；如果别人更优秀，要多点谦虚，特别是别人热心帮助你的时候，要勇敢接受。第三个，能力越大，责任越大，越应该去做更困难的事，而不是去做更多简单的事。记住了吗？

乐乐：嗯。

31
打水

题目

如何用没有刻度的 3 升壶和 7 升壶打到 5 升水呢？

讲解

爸爸：乐乐想清楚了吗？想好了就讲讲吧。

乐乐：好，先把 7 升壶给装满水，然后把 7 升壶里的水倒满 3 升壶，再把 3 升壶里的水倒掉，这时 7 升壶里的水还剩 4 升。把 7 升壶里面的水倒满 3 升壶，3 升水倒掉，7 升壶里还剩 1 升水。把 1 升水倒进 3 升壶里，把 7 升壶装满，再倒满 3 升壶，只能倒出 2 升水，所以还剩 5 升水。

爸爸：好，很好！其实做这样的题呀，要善于运用数学思维。只要你能用 3 和 7 这两个数字加加减减得到 5，就必然能找到一个方案。

乐乐：嗯。

爸爸：7 和 3 怎样得到 5 呢？7-2，3+2，对不对？你刚才说的这种方法，其实就是 7-2。

乐乐：啊？

爸爸：那个 2 是怎么回事呢？2 就是一个空的 2。

乐乐：嗯？

爸爸：要有一个 2 的空，或者这么说你更清楚，要有 2 升的空，然后这个满的 7 升才能倒走 2 升，不然就倒多了，是不是？3 升空的话就倒多了，是不是？

乐乐：对。

爸爸：所以我需要造出一个 2 升的空，才能从 7 里边减去 2。

乐乐：要有个 2 升的空。

爸爸：对，这才有 7-2。至于想造出 2 升的空，该怎么做呢？首先要在 3 升里边造出 1 升来，是不是？

乐乐：对。

爸爸：好。那想造出 1 升又该怎么做？7 减去 3，再减去 3，是不是就等于 1 了？

乐乐：嗯。

爸爸：你首先要知道有一种方法是 7-2。2 是空，要想得到 2 的空，就需要先有 1 升的实，对不对？实就是水。

乐乐：对。

爸爸：好，在 3 升壶里要先有 1 升。怎么得到 1 升呢？那就是 7-3-3，是不是就搞定了？

乐乐：对。

爸爸：这就是根据分析解决问题。第二种方法呢，就是 3+2，就是要得到 2 升的实实在在的水。这一次得到的 2 升，不是空，而是实，对不对？

乐乐：嗯。

爸爸：怎么得到这个 2 呢？你看第一种方法要得到 2 升的空，先要得到 1，对不对？是加加减减得到 1，是吧？

乐乐：嗯。

爸爸：但这一次我要得到 2，是不是？

乐乐：嗯。

爸爸：怎样得到 2？好简单，3+3+3-7=2。

乐乐：哇！

爸爸：我拿装满水的 3 升壶往 7 升壶里边倒，倒了两次后只能倒 1 升进去了，那么这个 3 升壶里边就留了 2 升。

乐乐：这？

爸爸：倒一次，3 升；倒两次，6 升。

乐乐：6 升。然后 3 升壶装满再去倒，只能倒进去 1 升，3 升壶里还剩 2 升。

爸爸：这就是3+3+3-7=2。这不是已经2升了吗？把7升壶倒空，往里边倒这2升，再往里边倒3升，就得到5升水了。这很简单，是不是？

乐乐：嗯。

爸爸：还有一个算式，7+7-3-3-3-3=2，是用2次7升壶的水，往3升壶里边倒。7升水，倒一次，3升；再倒一次，3升，还剩1升，是不是？将1升水倒进3升壶。我再舀7升，再倒，这回就只能倒2升进去了，对不对？7升壶里边就剩5升了。

乐乐：对。

爸爸，其实已经得到5升了。但是没关系，再倒一次，是不是就剩2升了？

乐乐：哈哈。

爸爸：从数学上来说这么做都可以。只要你通过加加减减得到2，那么我就能造出3+2。如果你通过加加减减得到1，那么我就能弄出2升的空来，再利用7-2。

乐乐：嗯。

爸爸：所以这道题呀，方法不止一种。为什么你只想到了一种呢？是因为你学了加减法，但你没有把它跟现实生活中的一些东西或者说现实题目联系起来。

乐乐：哦。

爸爸：现在你的加减法只能应付考卷、应付作业，还不能应付生活。你还没把生活中遇到的困难变成数学题目，或者说，你在数学中学到的这些知识，还没有变成能力帮到你的生活。

乐乐：嗯。

爸爸：成长不是在学校学一下知识就行了，而是要把这些知识变成能力，这才叫作真的成长，这才叫作成长的智慧。

乐乐：哦。

爸爸：知识还只是简单的第一步，你们现在考卷上考的还只是知识，所以学了这么点东西，不要骄傲，不要感觉自己很牛气，敢跟爸爸妈妈顶撞了。

乐乐：哦。

爸爸：也有的小孩可能不敢跟爸爸妈妈顶，但她瞧不起爷爷奶奶。可能爷爷奶奶连小学三年级都没上，别以为你比他们厉害。他们在生活中提炼的智慧，还是你所欠缺的，你知道吗？

乐乐：哦。

爸爸：可能你在学校学到的这些知识是他们欠缺的，是他们不知道的，但是爷爷奶奶会做美味的饭菜，你不会，对不对？

乐乐：对啊对啊。

爸爸：所以你不要以为你有点知识之后，包括你将来上了大学之后，你的作业爸爸妈妈都不会做了，就瞧不起爸爸妈妈，瞧不起爷爷奶奶了，不要那么放肆啊。

乐乐：谁敢啊？

爸爸：对呀。你是有一些知识他们不会，但是他们有更多你不会的。你有些知识他们不懂，但是他们的智慧你更缺，明白没？

乐乐：嗯。

爸爸：这是第一条，就是我们的知识与能力、智慧是两码事。

乐乐：嗯。

爸爸：好，再说第二个启示。你发现没有？这道题既可以用加法，也可以用减法。那我们在成长中呢，有的时候要用加法，要不断地增加；有的时候要用减法，要不断地减少。比如，成长中什么要不断地增加呢？

乐乐：知识、年龄。

爸爸：知识要不断地增加，年龄爸爸不喜欢增加。

乐乐：小朋友喜欢，这样就可以吃生日蛋糕了。

爸爸：哈哈哈哈。成长中有些是要努力让它不断地增加的，比如优点、知识、能力、智慧，以及良好的品德，总体而言就是我们对未来的思考和准备，我们都想它们不断地增加，对不对？

乐乐：嗯。

爸爸：那我们希望什么不断地减少呢？比如我们的……

乐乐：缺点。

爸爸：不礼貌呀，不文明呀，不优雅呀，这些不好的行为习惯要减少。

乐乐：哦。

爸爸：说句实话，我不怎么担心你的加，我很担心你的减。

乐乐：啥意思？

爸爸：加，我们就算不说，你的知识、能力，都会一点一点增加，何况爸爸妈妈还能帮你好多忙，你跟着学就会增加，对不对？

乐乐：嗯。

爸爸：但是减的这一方面，我们不说的话，你不大会自己去减。比如这些错的题，你这次错，往往下次还会错，是不是？

乐乐：有时候下下次还错。

爸爸：你不认真、不端正态度的话，你始终会犯同样的错误，知道吗？

乐乐：我一直在犯。

爸爸：很多小朋友都一样。

乐乐：我经常没坐直，我经常吃东西前不洗手，我经常上厕所忘了冲水。

爸爸：所以你的这些缺点要减。还不能慢慢儿减，要赶快减，明白没？

乐乐：嗯。

爸爸：你把自己的缺点写下来，认真记住。记住之后，就要用减法了。

乐乐：好。

爸爸：第三点启示。3升加2升，加的2升是实实在在的水；7升减2升，减的那个2升是空间，即2升的空。这里就有一个虚和实的问题。空就是虚嘛，对不对？

乐乐：嗯。

爸爸：关于虚和实，虚呢，就是……

乐乐：不要幻想，要面对现实。

爸爸：虚就是谦虚。我说的不是你想的那种虚幻，而是虚心。虚就是空，就是在心里边留出一个空间，就是虚心。

乐乐：哦。

爸爸：实，代表积累，实实在在的积累。一个人在自己的头脑中，不要光想着积累，把所有空间都填满了。就像你的头脑中有两个仓库一样，不要把这两个仓库都拿来积累东西。

乐乐：哦。

爸爸：要留一个仓库，干什么呢？留一个仓库接纳别人的批评、建议、意见。

乐乐：哦。

爸爸：刚才我说的，跟前面说的减缺点是差不多的。一个人在长大的过程中，随着他积累的东西越来越多，他就会越来越觉得

自己牛气，然后他就越来越听不进去别人的批评。特别是在某一个方面成功了的人……

乐乐：成功人士。

爸爸：对，成功人士，他更喜欢认为自己在所有方面都能成功。

乐乐：一行行，行行行。

爸爸：你的成功往往只是在你自己这一行里成功，换一行之后叫隔行如隔山，就是一个初学者了，就不能再摆成功之后的姿态了，那是不对的。

乐乐：嗯。

爸爸：一个谦虚的人，一个努力上进的孩子，别人说他的时候，别人指导他的时候，他不会盯着别人没说对的地方。他关注的是自己的成长，他会去盯着别人说得对的地方。

乐乐：哦。

爸爸：这种盯对的和盯错的，是两种不同的理念。你天天盯别人的错，那你生活都过不好了。别人的批评里面有对的，也有不对的，那我们盯对的。

乐乐：是的。

爸爸：让自己更谦虚一些，你成长得就快一些。

乐乐：哦。

爸爸：总之就是一句话，不止现在的你，还有将来的你，都要在头脑中留一点空间，用来装别人对你的批评和建议。

乐乐：懂了。

爸爸：好，这道题就讲这些。它教给了我们三个道理，我们简单回顾一下。第一个，知识只是知识，要多用，用熟练了，用巧妙了，才能变成能力，变成智慧。第二个，我们成长中，什么东西要不断地增加，什么东西要不断地减少，要好好琢磨，好好去做。第三个，不管是小孩子还是成年人，不管我们有多么了不起，头脑中还是要留一点儿空间，用来装别人对我们的批评和建议。记住了吗？

乐乐：记住了。

32
收谷

题目

外婆拿了一个 1 斤重的桶来，她指着一堆谷子说："乐乐，这些谷子大约有 200 斤，你用这个桶帮我把它们收到谷仓里去。"乐乐说："好的外婆。我使使劲，能提 10 斤重，200 斤谷子我用 20 趟就收完了。"小朋友，你觉得乐乐 20 趟能收完吗？

讲解

爸爸：乐乐想清楚了吗？想好了就讲讲吧。

乐乐：好。我觉得这个是不能的。因为桶重 1 斤，而她能提 10 斤重，那就只能提 9 斤谷子。

爸爸：哦，9 斤谷子，20 趟提了多少斤啊？

乐乐：180 斤。

爸爸：180 斤，所以 200 斤她收不完，是吧？

乐乐：对。

爸爸：好，这道题的标准做法就是这样的。这道题给了我们一个启示，是什么呀？成长是有消耗的。你看你提谷子，这是成功地做一件事，是不是？

乐乐：对。

爸爸：消耗在哪儿呢？你也要把那个 1 斤的桶提上，是不是？

乐乐：还不如直接抱谷子呢。

爸爸：哈哈哈哈，没有工具能抱多少？用工具会更方便、快捷，使用工具是必需的消耗。你总不能因为汽车要用油，就不开车，选择走路到北京吧？成长呢，也是有消耗的。什么意思呢？就比如你成长的过程中，其实也在消耗爸爸妈妈、老师的精力，是不是？

乐乐：嗯。

爸爸：这是避免不了的。既然懂得了这个道理，我们就希望自己付出的努力能够持之以恒。

乐乐：嗯。

爸爸：我们要连续不断地付出努力，才能得到越来越多的回报。

乐乐：嗯。

爸爸：另外，你的成长也不是只有你自己和爸爸妈妈、老师在付出努力啊。你看，是谁在让我们安稳、平静地成长呢？谁在让我们的努力不被毁灭掉呢？是解放军、警察、医生。

乐乐：消防员算不算？

爸爸：消防员算。这些人在保卫着这个国家，在保卫着所有人的安宁，给我们一个和平的环境，让我们几分努力就能够得到几分回报。

乐乐：可是他们没有得到相应的回报啊。

爸爸：他们的回报不一样。人民生活都幸福，大家都努力工作，小朋友都努力学习，他们觉得这就是回报。

乐乐：哦。

爸爸：对整个社会来说，你将来能做更多的贡献，那么对这些解放军、医生、消防员、警察而言，算是一种回报。

乐乐：嗯。

爸爸：这就是第一个启示，成长必然有消耗，我们要努力获得更多的回报。第二个启示呢？这道题说："好的外婆。我使使劲，能提 10 斤重。"我使使劲，能提 10 斤，是不是每一趟都能提 10 斤啊？

乐乐：也不一定啊。

爸爸：对。提着提着，越来越累的时候就不行了。

乐乐：嗯。

爸爸：这一点告诉我们什么呀？不要把偶然一次的好成绩当成每次都能达到的成绩。这一次你叫爆发，这不是你平时的状态。

乐乐：爆发是什么意思？

爸爸：爆发就是突然那么一会儿比平时厉害得多。它不是你平常的状态。她每次提 10 斤不是必然的，你发现了没有？

乐乐：对。她是爆发的，是偶然的。

爸爸：她说"我使使劲"，所以这是爆发的力气，这不是必然的。她不能长期这样，不能每一次都这样。学习也一样，学 1 小时可以，学两小时、3 小时、4 小时，中间就要休息一下。我 1 小时能写 1000 个字，能不能说我 4 小时能写 4000 个字？不能。

乐乐：嗯，手都写疼了。

爸爸：对，越往后越疲劳。同样的道理，我现在八九岁，能学到这么多知识，到了八九十岁的时候，还能学这么多吗？我十八九岁能提这么重，到了八九十岁还能提这么重吗？不会的。人的成长先是幼年，再长到少年、青年、壮年，最后到老年，对不对？

乐乐：我喜欢幼年时期。

爸爸：好。但是你的积累，主要就在少年和青年时期。

乐乐：嗯。

爸爸：少年时期之后，虽然青年时期和壮年时期人的思维还跟得上，但是事太多了，那个时候就是作贡献的时候了，不像你现在的主要任务就是学习。

乐乐：嗯。

爸爸：真正地能让你好好积累的，不管是从身体条件来看，还是从社会条件来看，也就只有 20 岁之前了。20 岁之前能学到多少，决定了你一辈子能做什么样的事。

乐乐：啊？

爸爸：假如你将来活到 100 岁，你 10 年之后还有 80 年，对不对？那么你将来的 80 年，就决定于你眼前的 10 年了。

乐乐：哇！

爸爸：这是第二点启示。还有第三点启示。你看，她只能提 10 斤，对不对？所以解决问题最根本的办法是多锻炼。平时多锻炼，之后她就能提 20 斤了，是不是？

乐乐：现在锻炼也来不及了啊。

爸爸：没说现在，把眼光放长远一点嘛。就像刚才说的，你年轻的时候，在这之后的 10 年多积累一下，把自己的本领提高一点，你将来应对困苦、应对生活的苦难的时候，是不是就轻松一些？

乐乐：嗯。

爸爸：虽然这之后的 10 年会比较苦，但是如果你在这 10 年学习出色，那将来的 80 年就会轻松一些，对不对？

乐乐：对。

爸爸：这 10 年提高自己的能力，也提高自己的承受力，那将来是不是就不苦了？

乐乐：嗯。

爸爸：如果有的小孩，就比如你吧，爸爸妈妈是可以让你过着很甜蜜的童年的，是不是？但是，如果你从小都过得甜甜蜜蜜的，没锻炼出来，那么一入社会，哎呀，马上苦就来了，一点小苦你都会觉得很苦，是不是？

乐乐：嗯。

爸爸：所以小的时候啊，适当地过点儿苦日子，学习也学得更辛苦一点，将来才会觉得更甜，对不对？也免得随便遇到一点苦就觉得好苦好苦，是吧？

乐乐：嗯。

爸爸：好，这道题就讲到这儿。它一共带给我们三个启示，我们简单回顾一下。第一个，成长也好，做事情也好，都是有消耗的。有些消耗是避免不了的，是必须的，那就争取多点回报，是不是？

乐乐：嗯。

爸爸：第二个，不要把偶然的当成必然的。不管是偶然的成功还是偶然的失败，都不要当成必然的。不要把一次爆发当成永远都能这样，不要以为自己长大了之后就不会衰老。要趁着年轻，多努力学习。

乐乐：嗯。

爸爸：第三个，解决问题的根本办法是锻炼自己的能力，锻炼自己的承受力。能力高了，就没那么多苦；承受力高了，苦就不怎么苦，而且一点点甜都会很甜，对不对？

乐乐：对。

33
格子

✎ 题目

用笔把一个大正方形划分成了 16 个大小相等的小正方形格子，请问你能数出多少个大大小小的正方形？

✎ 讲解

爸爸：乐乐想清楚了吗？想好了就讲讲吧。

乐乐：好。我先数 1 个小格子的正方形，总共有 16 个。然后数 4 个小格子组成的正方形，总共有 9 个。再数 9 个小格子组成的正方形，总共有 4 个。最后是 16 个小格子组成的正方形，总共有 1 个。合起来是 16 加 9 加 4 加 1，等于 30 个。

爸爸：很好。那具体是怎么数的呢？比如 4 个小格子组成的正方形，你是怎么数的呢？

乐乐：嗯……不知道怎么说。我指给你看吧，这是一个，这又是一个……

爸爸：等等，等等，我先编个号吧（图 1）。好了，你数吧。

1	2	3	4
5	6	7	8
9	10	11	12
13	14	15	16

图 1

乐乐：1、2、5、6 第一个，2、3、6、7 第二个，3、4、7、8 第三个。再从第二行开始，5、6、9、10 第四个……

爸爸：好了，我知道了。非常好！所以这道题，它教给了我们两个道理：一个是要分类，一个是要按顺序。对吧？

乐乐：对。

爸爸：先看分类。你看这里，有 1 个小格子的正方形，4 个小格子组成的正方形，9 个小格子组成的正方形，16 个小格子组成的正方形，分了四类。还记得以前我们做的一道题吗？你看爸爸画的这个图（图 2），这里面有多少三角形呢？我们当时分了几类？

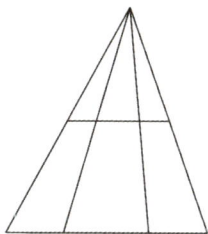

图 2

乐乐：六类。

爸爸：对。当时我们把 1 个格子的三角形、2 个格子组成的三角形、3 个格子组成的三角形、4 个格子组成的三角形、5 个格子组成的三角形和 6 个格子组成的三角形全都列出来了。后来我们发现几个格子组成的三角形没有？

乐乐：没有五个格子的三角形。

爸爸：对。这道题的情况很复杂，我们不是一眼就能看清楚的，所以就全列出来了。但是今天正方形的这道题呢，情况就很简单，只有 1、4、9、16 这四种，所以我们就只列了这四个类别。明白了吗？

乐乐：嗯。

爸爸：类别很重要。你要是不清楚类别，就得把十六类都列出来。你要是清楚了类别，你就只需要列四类。而且类别还重要在哪儿呢？类别列出来之后，你一个类别、一个类别地把它数完，就不会乱套，对不对？别急匆匆地数着 1 个格子的小正方形，还没数完呢，又急匆匆地去数 4 个格子组成的正方形；还没数完，又急匆匆地去数 9 个格子组成的正方形。有没有这种情况呢？

乐乐：可能……没有吧？

爸爸：你还别不信。如果我把这些格子涂上颜色，这就很能迷惑人了（图3）。有不少人，他数1个格子的正方形的时候，数1个、2个、3个、4个……数着数着，他就想把这4个格子的正方形数上。为什么？因为它们太刺眼了。他数4个小格子组成的正方形的时候，他就会数1个、2个、3个、4个，只数了这4个涂了不同颜色的。是不是？这就乱套了。

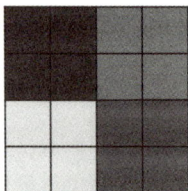

图 3

乐乐：哦。

爸爸：生活中也好，成长中也好，有很多迷惑我们的东西。比如手机，我这手机上能玩数独，人家的手机上能养花养小狗。是不是你一下子就想去玩了？

乐乐：是啊。

爸爸：生活中有很多好玩的事。比如说，我今天本来安排的是学习，可是一个好朋友突然说，"乐乐，跟我一起去卡拉OK唱歌吧"，是不是有点儿心动了？

乐乐：没。

爸爸：好。她又说，"我上个星期去了一趟，那麦克风效果真好！我唱得跟歌星一样！好嗨啊！"是不是一下子就勾起了你的童年回忆？你小时候就特别喜欢唱歌，我们出去吃饭的地方往往都会有卡拉OK，你经常就会抱着一个话筒唱啊扭的，不给别人唱。你从小就是个"麦霸"，知道吗？

乐乐：什么是"麦霸"啊？

爸爸：麦克风小霸王呗。所以是不是有点儿心动了？

乐乐：好像有点儿。

爸爸：然后她还说，"去吧！去吧！叶子严也去，她也觉得好有意思啊"。哟嗬，两个好朋友都去了，那还能不去吗？是不是你就去了？这一去，可就迷上卡拉 OK 了，从此，做作业可能就没那么认真了。是不是？

乐乐：成绩也会下降。

爸爸：所以这个"类别"很重要。卡拉 OK 就不是学习类的，对不对？我们现在要培养学习习惯，不是学习类的，就不要养成习惯了，对不对？

乐乐：对。

爸爸：所以对我们学生来说，有些类别就不是我们的类别，就不适合我们，我们当然就不要去接触。

乐乐：嗯。

爸爸：就像今天这道题一样，2、3、5、6、7、8、10、11、12、13、14、15 就不是正方形的类别，是不是？去掉，毫不犹豫地去掉。所以，类别很重要。我们老祖宗有句话说"物以类聚，人以群分"，这话，传了有几千年了。我们以前就说过，东西是分类的，事情是分类的，社会是分类的，人也是分类的，是不是？

乐乐：嗯。

爸爸：喜欢学习的同学，他们慢慢地就会走到一块儿去。不喜欢学习喜欢玩的同学，他们也慢慢地会走到一块儿去，他们每天都会琢磨着，怎么样玩能玩得更舒服，有没有什么新鲜的游戏，怎么样逃避老师检查，怎么样应对父母责骂，对不对？那就抄作业，蒙骗。

乐乐：啊？

爸爸：他玩多了，没时间做作业啊；他也没怎么听讲，也不会做作业啊。那怎么办？老师一检查作业，他就找个理由，比如"我昨天晚上生病了"。老师也不会随便给家长打电话，是不是？就会说"行，你早点儿补上吧"。反正别的同学做了作业嘛，拿过来，随便抄一抄就交上去了。有这样的同学吗？

乐乐：有没做作业的同学，老师会罚他站。

爸爸：你说这样的小孩是不是慢慢儿就学不好了？所以啊，好好学习，认真学习，专注于自己的进步的小孩，就不要尝试着跟那样的小孩在一块儿玩。玩多了之后，慢慢儿你也会陷进去的。原因很简单：玩的东西毕竟比学的东西更有吸引力、更有诱惑力，对不对？

乐乐：对啊。

爸爸：不说别的，你看那广场上，那闪亮马车，那蹦蹦床，不比你在家里写作文好玩多了？

乐乐：嗯。

爸爸：清楚自己的类别，还比如说，你将来想做什么，就是你的理想是什么。比如想做科学家，那么你就要对别的类别不动心。这不是平时一次两次不受诱惑，不是这个意思，而是一生都不要动心。比如明星一年能挣几千万……

乐乐：哇，这么多？

爸爸：是啊，科学家才几十万，乘以10是几百万，乘以100才是几千万，所以相差几十倍，甚至几百倍。但是不要动心，因为科学家是为国家、为全人类作贡献的，比如袁隆平爷爷，几百年、几千年后，人们都还记得他，崇拜他，知道吗？

乐乐：哇！

爸爸：这些就是告诉你，当你确立了你的理想，或者确定了这一段时间要做什么事的时候，就不要去羡慕别人，不要对别的类别动心。比如你这段时间想把数学好好提高起来，那你就要用大量的时间来训练。一是自己讲题，把自己的思路捋顺。二是给做错的同学讲题，要扛得住别人错误思想的冲击。你别搞得你讲了半天自己的正确思路，别人没明白；别人讲了一下他的错误思路，你却搞蒙了。要花大量的时间训练，你才能学扎实。这些好方法，你要好好去用。

确立了自己的理想就要坚定不移！

嗯！

乐乐：对。

爸爸：这是这道题的第一个启示。第二个启示呢，以前说过，就是顺序。你分了1、4、9、16这四类，数的时候就按1、4、9、16的顺序数。而且数每一类，比如数4个小格子组成的正方形时，你是从左到右、从上往下数的，对不对？

乐乐：对。

爸爸：做任何事情都要讲究顺序。不光是顺序不能颠倒，还不能不完整。

上完厕所不冲水的、不洗手的、不关灯的，这都是做事顺序不完整的，对吧？

乐乐：对。

爸爸：这是以前说过的。我们今天说什么呢？比如你学习时，是不是说，听完老师讲课，做完作业，考试也考到 100 分了之后，就完了呢？

乐乐：是……吧？

爸爸：没……有！咱们学习的目的是什么？提高自己的本领。考 100 分了，本领就提高了？还没有吧。第一，熟练程度够不够？100 分钟做了 100 分，80 分钟行吗？60 分钟行吗？我告诉你，你们老师 20 分钟就能考 100 分，你信不？

乐乐：信。

爸爸：第二，扎实程度够不够？下次再考这个单元，还能拿 100 分吗？假如有别的孩子做错题了，你能帮他分析他为什么错了吗？你看老师就能，是不是？

乐乐：嗯。

爸爸：第三，本领是要用的，你考的这些知识都会用了吗？爸爸每次带你去超市都买了一大堆东西，你能把小票拿过来口算吗？你学了那么多语文课义了，能仿照着写吗？课文里的道理能落实吗？你们上学期第三课就学了《不懂就要问》，我记得你上次有道题，抄了老师黑板上的解题过程，你不懂，结果课上没问老师，课下没问同学，回了家也没问爸爸妈妈。我要不是叫你讲，你就不准备搞懂了？你就不准备长那个本领了？明白没？

乐乐：嗯。

爸爸：所以，学习的这个顺序，不是到 100 分就结束了。到 100 分了，可以喘口气，但是后面还要熟练，还要夯实，还要会用，这才算完整了。明白吗？

乐乐：嗯。

爸爸：好，今天这道题就讲到这里，下面回顾一下。这道题教给我们两个道理：一是确定好自己属于哪一类，要坚守这个类，要扛得住诱惑；二是要重视顺序，特别是要重视顺序的完整性。明白了吗？

乐乐：明白了。

34
台阶

题目

乐乐和小朋友在台阶上玩游戏。此时她站在台阶的正中间。随着游戏的进行，乐乐先上了5级台阶，又下了7级，最后连上了4级和6级，正好登顶了。请问台阶有多少级？

讲解

爸爸：乐乐想清楚了吗？想好了就讲讲吧。

乐乐：好，"她站在台阶的正中间"，从这里我觉得这个台阶是个单数。然后在正中间先上了5级台阶，又下了7级。下的7级台阶里，包括了那5级台阶及其下面的2级台阶。最后连上了4级和6级。4级包括下面的2级和5级里面的2级，然后6级中有3级包括在5级里面，所以还剩3级露出来。5级加上3级等于8级台阶，这是一半。然后还有另一半，2×8＝16级。因为开始她是站在正中间，要加上正中间的那一级台阶，16+1＝17，我认为有17级台阶。

爸爸：哇，讲得真是啰唆得很哟。先上了5级，又下了7级，最后连上了4级和6级，是先上还是先下，有关系吗？就跟我们加法减法一样，对不对？

乐乐：哦。

爸爸：没什么关系，那我就是5加4加6再减7等于8，就可以了。

乐乐：嗯。

爸爸：上了8级台阶登顶了，对吧？

乐乐：嗯。

爸爸：你那包括来包括去的，都被你绕晕了。

乐乐：哈哈。

爸爸：好，这个上 8 级台阶登顶说清楚了，这道题解题的关键就是对这个"正中间"的理解。你认为这个台阶是单数的，你认为双数台阶就没有正中间，对吧？

乐乐：对。

爸爸：那我们首先要强调啊，必须有一个统一的思想。例如这道题，如果对"正中间"没有统一，那答案就会有两个，对吗？

乐乐：对。

爸爸：这是第一点启示。第二点启示呢，具体来说，这个"正中间"到底是哪一级台阶？这个时候，我说个简单的，2 级台阶正中间是不是一级？还是说 3 级台阶正中间是二级？

乐乐：3 级台阶正中间是二级。

爸爸：傻了吧。

乐乐：为什么？

爸爸：你看啊，你把这台阶每一级都想成比如一层楼那么高吧。

乐乐：一层楼？哦。

爸爸：好，我想问你，3 级台阶有 3 层楼那么高，1 层楼，1 层楼，1 层楼。来，二层那个地方，你就把自己想象成蚂蚁那么小，蚂蚁站在二层楼那个地方，那叫作 3 层楼高度的中间吗？

乐乐：太高了。

爸爸：我们画个图吧。你看图（图 1）里面，这叫 3 级台阶的正中间吗？

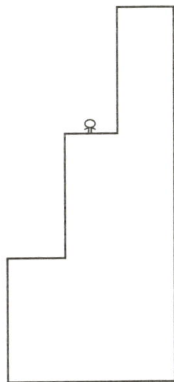

图 1

乐乐：有点儿不像啊。

爸爸：对不对？夸张了之后你就发现不是那么回事了。

乐乐：嗯。

爸爸：对吧？夸张了之后，我们就能统一思想了，就能找出你的错误了。如果是2级台阶呢？你站到一级台阶这儿(图2)，你看这叫中间吗？

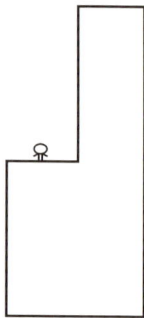

图 2

乐乐：有点儿像啊。

爸爸：所以，不要先管台阶的级数，说什么双数的没有正中间，单数的才有。你首先得想清楚，台阶的中间不是按级数数的，而是按高度来的，"正中间"是指高度的正中间，明白没？

乐乐：哦。

爸爸：你认为单数才有正中间，那叫数小球。5个小球排成一行，"正中间"就是最中间的那个小球。如果是4个小球排成一行，"正中间"就是空的，正中间没有一个小球，因此只能说正中间有两个小球，对不对？

乐乐：对。

爸爸：这是你对"正中间"的理解，你是数小球个数数出来的正中间。但是遇到台阶的时候，你要抓住本质。台阶"正中间"的本质，不是看级数，是看高度。台阶高度的正中间，你要是想不出来的话，就可以夸张一点。

乐乐：嗯。

爸爸：夸张后就看出来了，单数台阶没有正中间，或者说它的正中间那个地方站不了人，对不对？

乐乐：嗯。

爸爸：可以说单数台阶整个那一层都叫正中间，但是不能站人。要站人的话，就只能看双数台阶了。你看我们刚才画的 3 级台阶(图 1)，可以说第二级台阶叫作正中间的台阶，对不对？如果人站在上面，就超过正中间了，是不是？

乐乐：嗯。

爸爸：第二级的整级台阶叫正中间，你要是像贴纸一样是个"贴人"，那你贴在这儿还可以。

乐乐：哈哈哈哈，"贴人"。

爸爸：但是你得站在台阶面上，是不是？

乐乐：是。

爸爸：所以这道题中的台阶，只能是双数的，正中间就在这儿(图 2)，上面有几层，下面就有几层。那你再看看这道题。

乐乐：上面有 8 层，看高度，所以下面也有 8 层。

爸爸：对吧？总共就是 16 层。关键就是，我们夸张一点，把台阶的高度画得夸张一点，这样就不用跟别人争了，自己也不会固执了。谁都能看出来，只有双数台阶才能站在正中间，对不对？

乐乐：嗯。

爸爸：这就是说，我们生活中有些错误的认识、错误的习惯，因为像台阶这么小，我们就看不清楚，甚至别人指出来了之后，我们都还没发现。这个时候怎么办呢？夸张一点。夸张一点，我们就能发现自己的错误了。

乐乐：哦。

爸爸：比如说，你陪着妹妹玩的时候，会不经意地拿一支铅笔在妹妹眼前晃来晃去的。然后我和妈妈就要训你一顿，我们说你一点儿都不注意安全。有时候呢，你会顶嘴："我没扎到她，我不会扎到她的"。是不是？

乐乐：本来嘛。

爸爸：这个呀，就要夸张一点想。夸张一点就是什么呢？比如，妹妹猛地扑过来了呢？你敢保证她不会吗？

把错误夸张一点，
一下就发现啦！

乐乐：不敢。

爸爸：妹妹玩高兴的时候，是不是根本就没注意到？你自己玩高兴的时候，是不是也忘了铅笔这个事了？还是有可能扎到妹妹的，是不是？

乐乐：嗯。

爸爸：所以啊，稍微夸张一点。你别说，哎呀，我不会的，我会注意的。但总有疏忽的时候，是不是？玩高兴了还会注意到吗？

乐乐：哦。

爸爸：我们吃饭的时候，为什么很多父母都喜欢说"不要说话"？

乐乐：为什么？

爸爸：有时候你吃大块儿的菜，没事。有时候吃小块儿的菜，特别是吃有刺的食物，一说话，就容易出事，是不是？

乐乐：嗯。

爸爸：太小块儿的也不行，你吃的就那种上面有粉末或者碎渣渣的点心，如月饼、蛋卷这些，你要一说话，一笑，一下子就呛到了，是不是？那呛到气管真难受，是吧？

乐乐：嗯。

爸爸：就是喝水的时候，也不要想事。想着想着，一下子就把自己呛到了。我就经常呛到自己。我喜欢想事嘛，有时候吃饭也会呛到。所以有一些自己的小缺点、小错误习惯啊……

乐乐：一定要改。

爸爸：别人帮你指出来之后，你还是看不清楚，怎么办呢？夸张一点。

乐乐：咋夸张？比如呢？

爸爸：比如说，今天你从学校回来，借别人橡皮没还就带回来了。妈妈要是说你，你怎么能拿别人东西不还呢，你还带回家来了，这就是一种偷窃行为。这时你就不服气了，对不对？

乐乐：嗯。

爸爸：好，我们把这个事情夸大一点。

乐乐：嗯。

爸爸：假如将来你工作了，拿了单位一台特别精密的仪器，比如显微镜、高速相机这些，你只是想带回家给小孩子演示一下，明天会还的，对不对？

乐乐：嗯。

爸爸：结果当天夜里，人家保安巡查就发现少东西了，可是没有借出去的记录，麻烦了，这十几万元的东西呀！然后人家马上就报警了，对吧？

乐乐：嗯。

爸爸：那警察就得连夜查监控啊，是不是半夜就到你家来了？呵呵，你还在那儿发呆呢。这个时候，你就算委屈得想哭啊，我问你，你能证明你自己只是拿回来用一下，明天要还的吗？

乐乐：不能。

爸爸：所以这些事啊，夸张了之后，你会发现，造成的后果可能很严重。

乐乐：哦。

爸爸：那当然还有别的，比如闯红灯。你就说，哎呀，没事的，一次两次没事的。好，你往大处夸张一点，就有一个司机喝醉了，或者有一个司机突然间抽筋了，然后他刹车也踩不了，方向盘也打不了，就朝你冲过来了，是不是可能就把你撞了？

乐乐：嗯。

爸爸：所以过马路别说闯红灯，就是绿灯，你也要左右看看。

乐乐：嗯。

爸爸：有些小规则呀，你要夸大一点来理解。夸大一点理解，你就容易遵守了。比如寒假、暑假的时候，家长、老师总是教育你们不要玩火、不要玩水、不要玩电，你就应该夸大点理解，对不对？

乐乐：对。

爸爸：这是第二点启示。还有第三点，我们来看。这个楼梯，上啊，下呀，它可以抵消，是不是？

乐乐：嗯。

爸爸：但我们生活中、成长中有一些是没办法抵消的，对不对？

乐乐：嗯。

爸爸：比如优缺点。你能说，哎呀，我有再多的缺点有什么关系？我有更多的优点。这话能说吗？你觉得你的优点能跟你的缺点抵消吗？

乐乐：……

爸爸：优点是优点，别人承认；但是你的缺点还是缺点。

乐乐：嗯。

爸爸：但是现实社会中啊，有些人这一点做得不太好。当一个人有了很了不起的优点后，有些人就不去关注他的缺点了。真的有这样的事。比如一个人很会唱歌，那么我们就不用关注他的人品了吗？

乐乐：要关注他的人品。

爸爸：要关注的，对不对？

乐乐：只能说你唱歌唱得好。

爸爸：你唱歌唱得好，也不能成为榜样。唱歌需要天赋，只能是夸他一下。

乐乐：哦。

爸爸：能学习的，才叫榜样。如果他人品好，我们能学，这就叫榜样。但是你唱歌好，我能学吗？

乐乐：学不了。

爸爸：除非你也有唱歌的天赋，你往那个方向去学。

乐乐：嗯。

爸爸：优点是你的优点，我们承认，但是不表示说，你的缺点我们就不提了。缺点就是缺点，没办法抵消的。

乐乐：哦。

爸爸：所以，你不单要看自己的优点，然后让你自己开心，还要看自己的缺点，让你自己着急呀，然后赶紧把这些缺点改掉。

乐乐：可是所有人都有缺点啊。

爸爸：是，所以我们都要这样去看。刚才第二点不是说要夸张看待吗？你就这么来看待优点、缺点：优点就像漂亮衣服，优点越多越明显，漂亮衣服就越漂亮越华丽；但是缺点呢，就是一团黑墨汁，它就沾在你衣服上。

乐乐：呃——

爸爸：你这么去想的话，缺点就愿意改了。

乐乐：哦。

爸爸：还有，有的人说，哎呀，我作了这么多的贡献，有这么大的功劳，所以比如说我打人了，我偷东西了，我犯了什么错了，能不能免了我的罪？

乐乐：不可能。

爸爸：对，不能。功是功，我们承认，我们尊敬你，我们认认真真在史书上给你记载你有多大的功劳，但是，过就是过，犯了罪就要接受惩罚。明白没？

乐乐：明白。

爸爸：所以呀，功和过，不能相抵；优点和缺点，不能相消。

乐乐：嗯。

爸爸：好，这道题就讲到这里。它教给我们三个道理，我们简单回顾一下。第一，一堆人做事情，首先要有一个统一的思想认识，不然就不容易成功，对不对？

乐乐：嗯。

爸爸：第二，有些事情搞不清对错的时候，或者是自己的缺点、错误看不清楚的时候，以及一些危害容易疏忽的时候，我们可以把它夸张一下，一下子就明白了。

乐乐：嗯。

爸爸：第三，在我们成长中啊，有些东西是不能抵消的，比如功、过不能抵消，优点、缺点不能抵消。所以我们做事情的时候，就要格外认真、格外慎重，记住了吗？

乐乐：记住了。

35

竖式

✏️ 题目

AA+B＝BCC，请问 A、B、C 这三个数字各是多少？

✏️ 讲解

爸爸：乐乐想清楚了吗？想好了就讲讲吧。

乐乐：好，这虽然是一个横式，但是我们可以把它转成竖式。我发现，AA 是一个双位数，B 是一个单位数，和是三位数。

爸爸：对，两位数加一位数等于三位数。

乐乐：我们可以先想一个最简单的，如 99+1＝100。

爸爸：还有别的答案吗？

乐乐：我就写了这个答案。

爸爸：我记得你的数学练习册里面有 4 个竖式填空题，其中一题甚至有 3 种答案，还记得吧？

乐乐：嗯。

爸爸：你这种做法呢，就是凭空去试啊试啊，有时候试不出来，是吧？

乐乐：嗯。

爸爸：所以你这……运气好的时候呢，能找出一种正确的；运气不好的时候呢，就做不出来了。所以这种做法，不推荐。

乐乐：哦。

爸爸：这道题，用你懂得的知识和规则，我们能够更合理地做出来。你看，一个两位数加一位数等于一个三位数，那这个三位数的百位，只能是多少？

乐乐：1。

爸爸：只能是1。别说是两位数加一位数，你就是两位数加两位数，它也加不出200多，更加不出300多，对不对？所以这个百位数，这个B就只能是1。

乐乐：嗯。

爸爸：这是第一个规则。第二个，一个两位数加一个一位数等于一个三位数，那这个两位数的十位上，一定是多少？

乐乐：9。

爸爸：一定是9。它不可能是8，更不可能是7。不信你试一下，拿十位数是8来试。

乐乐：绝不可能。

爸爸：最大的也才是89。89加一个一位数，一位数最大的是9，89加9才98，到不了三位数，对不对？

乐乐：嗯。

爸爸：所以要使两位数加一位数等于三位数，这里边就有两个规则可以用。一个是，这个两位数一定是90多，十位一定是9。另一个就是，这个三位数的百位一定是1，不可能是别的。

乐乐：嗯。

爸爸：所以这两条规则，或者叫作规律，是你知道的，在你的认知水平之内，可是你就没有想到去用它，对吧？这就很遗憾了。可能老师没这么明确地说过，没有把它写在那儿当成一个规则，但是，你已经懂得的知识，就要活用，明白吗？

乐乐：哦。

爸爸：在你将来的生活、成长中，不是说所有遇到的困难，都会有老师来教规律解决，是不是？生活和成长，基本上没有谁给你出题目，但是人们常说，你要交出一份完美的答卷，是不是？

乐乐：嗯。

爸爸：那这些答卷上的题目从哪儿来的呢？解这些题目用到的规律又是从哪儿来的呢？那就是你自己把你遇到的困难好好地分析一下，变成题目。然后在你的成长过程中，爸爸妈妈和老师，还有亲戚、朋友，直接教你的道理和做事情的方法，还有你从书上看到的或者闲聊听到的别人解决类似困难的方法，所有这些形成你认为的规律，你再用这些规律来解你的那些题目。

乐乐：嗯。

爸爸：所以要用心琢磨爸爸妈妈的话，好好分析你遇到的事情怎样能解决得更完美。

乐乐：嗯。

爸爸：所以，这道题告诉我们的第一个道理，就是要借助规则的力量。按照那些科学家已经给我们研究总结出来的规律来解题，就简单一些，是不是？

乐乐：嗯。

爸爸：生活中也要注意借助规则的力量。比如说，我跟小朋友们玩得好，但是每天总有这个朋友、那个朋友想玩，说我们一起去玩吧。如果一个人不懂得借助规则的力量，一想，啊，都是好朋友嘛，我陪她是应该的，是不是？

乐乐：嗯。

爸爸：好，星期一陪李小红，星期二陪王小橙，星期三陪张小黄，星期四陪刘小绿，星期五陪陈小青，星期六陪杨小蓝，星期七陪赵小紫。完了，这一个星期，天天都在一块儿玩去了，最后……对不对？

乐乐：嗯。

爸爸：朋友多的人，是不是天天都有人想玩？那你天天都要陪这个朋友、陪那个朋友，最后时间就没了，是不是？

乐乐：嗯。

爸爸：所以这个就不对了。这个就要借助规则的力量，说"哦，今天不行啊。老师说了，今天下午要交一篇作文，所以我今天中午要赶紧写作文"，或者还可以把她也带上，"老师说了，今天中午的作业，下午要交的。咱们一起写作业吧，总不能因为玩就不交作业了，是不是？"

乐乐：嗯。

爸爸：因为我们学生嘛，最根本的事情还是学习，不是玩，对不对？所以我们不能用这个非根本的事情……

乐乐：非根本的？

爸爸：非根本的，不是最重要的事情，玩就不是最重要的。学生最重要的是学习，还有品行方面的成长，对不对？

乐乐：嗯。

爸爸：这是最重要的。玩，并不是最重要的。不是说不玩，没有这些最重要的东西的时候，你说玩一下行不行？行，但是作业都还没做的时候，刚买的课外书都还没看的时候，你能不能去玩啊？

乐乐：不能。

爸爸：所以你这么说了之后，真正的好朋友是不会生气的。你要是心里一直想着感情，人家一用感情说话，你自己就不好意思了，你就天天陪她玩去了，是不是？

乐乐：嗯。

爸爸：但是你心里一直想着规则呢？那么就借助这个规则。哦，我是学生，我最重要的事情就是什么什么，比如作业，是吧？

乐乐：对。

爸爸：我的作业都没完成，怎么能陪你去玩呢？你这么一说了之后，这个朋友就不会说什么，也不会生气，对不对？

乐乐：嗯。

爸爸：如果真生气，那只能说，这个朋友不要算了。或者说，她只是一时的别扭，对不对？就是此时此刻不做朋友算了。

乐乐：哦。

爸爸：所以人的成长一定要往正向去，往积极的、阳光的、好的、上进的方面去成长，对不对？

乐乐：嗯。

爸爸：不能交了个朋友之后，结果让自己垮下去了，让自己往不正确的方向成长了。那就不对了，明白没？

乐乐：嗯。

爸爸：所以要善于借助规则的力量，来与一些坏的、不积极的、不上进的事做斗争或者说学会借助规则来拒绝，明白没？

乐乐：哦。

爸爸：这就是第一个道理。当然，规则的力量这么大，所以我多强调一句，要重视规则，明白没？

乐乐：好。

爸爸：第二个道理呢，其实很简单。我们看看，你在这道题中唯一值得表扬的是什么呢？面对这样一个没有任何数字的加法，你敢去尝试，没有退却，没有害怕。

乐乐：哈哈。

爸爸：有时候你在生活中遇到一些困难，完全就摸不着头脑，都不知道从哪儿下手，这个时候一定要冷静，对不对？

乐乐：嗯。

爸爸：要冷静，不急躁。你不停地抱怨这抱怨那，对你解决问题有帮助吗？

乐乐：没有。

爸爸：所以，要冷静，不急躁，然后呢，要勇敢地去尝试，勇敢地借助我们的聪明才智，一次一次去尝试。

乐乐：嗯。

爸爸：好，这道题就讲到这儿。它告诉我们两个道理，我们简单回顾一下。第一，要善于借助规则的力量，因为规则的力量很强大。

乐乐：嗯。

爸爸：第二，遇到困难要冷静，还要勇敢，记住了吗？

乐乐：记住了。

36

淘汰

题目

6 位选手进行乒乓球单打淘汰赛，总共要赛几场？66 位呢？

讲解

爸爸： 乐乐想清楚了吗？想好了就讲讲吧。

乐乐： 好，我有两种方法。6 位选手时，我的方法是两人一组进行比赛，用 6 除以 2 得到 3 场，这一轮有 3 个赢家，再从中挑选两人赛一场，赢的和剩下的那个人再赛一场，所以要赛 3+1+1＝5 场。

爸爸： 很好！

乐乐： 66 位选手时，我用上一次和爸爸一起找的规律：赛数总是比选手要少 1，所以 66 位选手赛了 65 场。

爸爸： 这个题呀，在我们教材上出现过类似的。你最开始做的时候，用的就是你刚才说的第一种方法，一轮一轮地去算，是不是这样的？

乐乐： 嗯。

爸爸： 这样呢，第一问倒也不复杂，6 位选手而已。但是 66 位呢，就得算半天了。要是 666 位呢，那要算很久了。

乐乐： 那确实。

爸爸： 如果你埋头去算，一轮一轮、一轮一轮地算，这个时候，你钻进去了，就很难再跳出来。特别是小孩子，钻进去一件事情之后，确实很专注、很认真，然后她就……一头扎进里边去了，想不到别的了，思维就被限制住了。

乐乐：嗯。

爸爸：比如有个农民伯伯一头扎进捉虫子里了，他一个一个去捉，越捉越开心：我今天好努力，捉了一亩地。明天再加加油，再捉一亩，后天再捉一亩。他从来就没想过，我能不能发明一点药，把这个虫给灭掉。

乐乐：而且也不伤害庄稼。

爸爸：对，也不伤害庄稼。所以我们在成长中，要把思维放开阔一点，不要在一件事情上太纠结。我们考试做题也是，这道题越做越没钻出来，越没钻出来，越有钻劲儿，就越在这上面花时间，是不是？

乐乐：嗯。

爸爸：实际上有的时候你要注意，可以先跳过这道题，过会儿再来想。因为有时候你的思路钻牛角尖了，有时候冷静了之后，再回头看这道题，没准儿一下子就有了巧妙的思路了。

乐乐：嗯。

爸爸：像这道题，如果我不钻进牛角尖里，我不去看每一场比赛谁胜，我反过来看，我看谁败了。

乐乐：嗯。

爸爸：那么很明显，除了冠军之外的每一个人都要被淘汰。即使她胜了1场或者两场，她不是冠军，最终一定要被淘汰，是不是？淘汰1个人需要1场比赛，1场比赛也只能淘汰1个人，对不对？

乐乐：嗯。

爸爸：所以，6个人比，那最后淘汰5个人，要赛几场？

乐乐：5场，最后一个人胜利啦。

爸爸：66个人比，要淘汰几个人？

乐乐：要淘汰65个人。

爸爸：那么要赛多少场？

乐乐：65场。

爸爸：对，要用65场。因为每一场比赛只能淘汰1个人，而且一定会淘汰1个人，对不对？

乐乐：嗯。

爸爸：所以你这么想了之后，这题还用那么复杂地去做吗？

乐乐：不用。

爸爸：所以这道题啊，给我们的第一点启示就是，钻研是好事，是好的品质，但并不是在每一件事情上都值得钻研，是不是？

乐乐：嗯。

爸爸：这个启示其实在提醒我们，格局要大一些，眼光放长远一点，胸怀放宽广一点，对不对？

乐乐：嗯。

爸爸：好，第二点启示呢，这个比赛用的是淘汰制，对不对？

乐乐：嗯。

爸爸：哪怕你是情绪不好，或者太冷了，太热了，状态不稳，不管怎么样，反正你这场输了就被淘汰了。

乐乐：对，你没有机会了。

爸爸：所以成长中啊，不仅要不断地努力，而且要能积极地面对失败。

乐乐：哦。

爸爸：伟大的发明家爱迪生研究电灯泡的时候试验了 1000 多种材料做灯丝，效果都不好，有人劝他说："你已经失败 1000 多次了。"但爱迪生说："不，我没有失败，我已经成功地发现了 1000 多种材料不能用来做灯丝。"你看是不是？

乐乐：哇！好会想。

爸爸：是啊，所以这第二点就是告诉我们，要坚持努力，哪怕遇到挫折、遇到失败了，也要调整好心态，继续坚持努力，明白没？

乐乐：嗯。

爸爸：说到这儿呢，爸爸倒是有一个真实的事情讲给你听。爸爸上大学的时候，有一个小姐姐，她的高考成绩倒不怎么样，但人家坚持努力呀。一边努力学习，一边努力去做学生干部，后来考研究生的时候就已经提升了很多。她继续努力，后来就去中国科学院读博士，那就更努力了。

乐乐：然后呢？

爸爸：然后小姐姐就去北大了。

乐乐：干什么？

爸爸：就是大家平时开玩笑说的嘛，我做不了北大的学生，我还做不了北大的教授？真的呢，小姐姐现在真的在北大当教授了。

乐乐：哇！

爸爸：坚持努力不是说着玩的，它是要你坚持十年、二十年，坚持一辈子的。

乐乐：啊？那不累吗？

爸爸：坚持着，坚持着，你就习惯了；坚持着，坚持着，你就强大了。人就像轮胎一样，你强大了，你这个轮胎又大又宽了，在别人眼里的那些苦哇，那些累呀，那些坑坑洼洼啊，在你而言，直接碾压过去了。

乐乐：哦。

爸爸：不是说哪个就喜欢受苦，不是说哪个就喜欢受累。没人喜欢，是不是？但是你变强大了之后，你是真没有觉得那有什么苦的、累的。

乐乐：哦。

爸爸：好，这道题就讲到这儿。它教给了我们两个道理，我们简单回顾一下。第一，专注是好事，但是容易入迷，所以一定要站得高、看得远，要大气，免得入迷到无意义的事上去了。第二，生活中、成长中，有太多太多的淘汰，我们要端正态度，在任何情况下始终坚持努力。

乐乐：嗯。

主要参考文献

［1］人民教育出版社，课程教材研究所，小学数学课程教材研究开发中心. 数学 三年级 上册［M］. 北京：人民教育出版社，2014.

［2］人民教育出版社，课程教材研究所，小学数学课程教材研究开发中心. 数学 三年级 下册［M］. 北京：人民教育出版社，2014.

［3］邢治. 我超喜欢的趣味数学书：小学一年级［M］. 2版. 北京：电子工业出版社，2019.

［4］邢治. 我超喜欢的趣味数学书：小学二年级［M］. 2版. 北京：电子工业出版社，2019.

［5］邢治. 我超喜欢的趣味数学书：小学三年级［M］. 2版. 北京：电子工业出版社，2019.

［6］邢书田，韩平，邢治. 我超喜欢的趣味数学书：小学四年级［M］. 北京：电子工业出版社，2012.

［7］邱颖，邢书田，邢治. 我超喜欢的趣味数学书：小学五年级［M］. 北京：电子工业出版社，2012.

［8］邢治，邢书田，邱颖. 我超喜欢的趣味数学书：小学六年级［M］. 北京：电子工业出版社，2012.

后 记

本书承蒙谷城县仁发道育文化传播工作室谭芬项目组倾情赞助。

谭芬是我的妻子，湖南衡山人。南岳赐予她灵秀，农家培育她朴实，在我看来，她最突出的优秀品质就是"直"和"勤"。

谭芬的"直"，直在直指问题的症结。我们结婚后，我说，等咱们将来有了孩子，小学阶段可一定要教育好啊。她是汉语言文学学士，当时她正在高中工作，一听这话，立马就去当了小学教师。我这人直，然而谭芬更直，我琢磨着夫妻如同左右手，是一个二元互助的整体，于是她的直就促进我遇事多思考，多和她讨论。不单要看准问题的症结所在，还要明白问题的根源；不单要知道怎样直接解决问题，还要在效果偏了的情况下及时调整方向。可以说，妻子的直，让我们解决问题的方案变得越来越高效。

谭芬的"直"，还直在她冷静而毫不含糊。当我们知道怀上了第一个孩子时，寻思着双方父母无暇帮我们照顾孩子，她二话不说，当即就做起了专职妈妈。生活中的我是比较理想化的，壮志一出，任何现实困难仿佛都是纸老虎，都不值得一提；豪情一起，仿佛明天就能插上翅膀，飞上月亮。然而谭芬总是一针见血地拿出一堆现实问题，一个个地排在我的面前。可以说，妻子的直，让我们解决问题的方案变得越来越细腻。

高效而细腻，妻子的直，对于教育孩子，对于我们的生活，都是无价的品质。

谭芬的"勤"，这么说吧，我是传统的"家懒外勤"的人，结婚十三年了，谭芬包揽了家务活和带小孩。那时候，家里住房狭小，不适合在家学习，我做教研和做班主任的工作又忙，自己的学习经常是在下班后留在任教的学校进行，有几年几乎每天到凌晨三点才回家，而七点过又得进班早读。谭芬每天中午做好饭才喊我回家，甚至为了节省我来回走路的十来分钟时间，她愿意不辞辛劳地每天给我送饭到学校。

谭芬的"勤"，在养小孩上也特别突出。孩子小的时候，每顿饭她都会专门做成大人的和宝宝的各一份。孩子渐渐长大了，她就带着孩子到处跑。博物馆、科技馆、美术馆、图书馆、公园、游乐园、甚至大学校园，到处都有她和孩子的足迹；哪个社区有公益活动，她都尽量带孩子去，模特班、朗诵比赛、画画课、戏剧表演、小小护士、亲子活动，到处都有她和孩子的身影。她时常感慨我们的经济条件亏待了孩子，可是我觉得，她的勤足以弥补而有余。

相夫而教子，妻子的勤，对于教育孩子，对于我们的生活，都是无价的品质。

感谢我的谭芬，有你，我才更好，我们家也更好。

刘勇

2022 年 9 月 20 日

图书在版编目(CIP)数据

看爸爸的数学 36 计 / 刘勇，刘逸芳著. —长沙：
中南大学出版社，2022.9
ISBN 978-7-5487-5015-4

Ⅰ. ①看… Ⅱ. ①刘… ②刘… Ⅲ. ①小学数学课—
教学参考资料 Ⅳ. ①G624.503

中国版本图书馆 CIP 数据核字(2022)第 135601 号

看爸爸的数学 36 计

KAN BABA DE SHUXUE 36 JI

刘　勇　刘逸芳　著

□出 版 人	吴湘华	
□策划编辑	刘颖维　刘锦伟	
□责任编辑	刘锦伟	
□封面设计	李芳丽	
□插　　画	谢欢喜	
□责任印制	李月腾	
□出版发行	中南大学出版社	
	社址：长沙市麓山南路	邮编：410083
	发行科电话：0731-88876770	传真：0731-88710482
□印　　装	湖南省众鑫印务有限公司	

□开　　本	710 mm×1000 mm 1/16	□印张 11.5	□字数 197 千字	
□版　　次	2022 年 9 月第 1 版	□印次 2022 年 9 月第 1 次印刷		
□书　　号	ISBN 978-7-5487-5015-4			
□定　　价	42.00 元			